找到你的力量所在

胡督魔法

北美民間魔法指南

胡督・森・莫伊斯 Hoodoo Sen Moise——著

WORKING CONJURE

A Guide to Hoodoo Folk Magic

關於《胡督魔法》的讚譽

莫伊斯把他祖先的傳統教給了大家，和我們分享了他們的智慧。他的書根植於過去的歷史，動人地向我們講述了為什麼這些事物依然適用於今日的生活。

——**Christopher Penczak**，Temple of Witchcraft 的聯合創始人

《胡督魔法》這本書充滿來自美國南部的優雅和美麗，並帶有一絲幽默感，就像和一位珍貴的朋友坐定享受咖啡和餡餅一樣：豐富而美味的食物，伴上愉快的對話和新得到的力量與活力。胡督．森．莫伊斯在這本書中所講的內容非常令人驚喜。這本書會是你所讀過最讓人滿足的書——它會永遠改變你的生活！

——**Dorithy Morrison**，《*Everyday Magic*》和《*Utterly Wicked*》的作者

胡督．森．莫伊斯這一生都致力於成為胡督魔法領域最傑出的人物之一。在《胡督魔法》這本精心編著並引人入勝的書中，莫伊斯分享了他非凡的知識、智慧和建議，讓每個人都能夠了解胡督魔法的基礎知識。更重要的，這是一本非常有靈性的書，會讓你與你大地上和靈性中的根源連結起來。

——**Rosemary Ellen Guiley**，《*Guide to Psychic Protection*》的作者

《胡督魔法》是來自上帝的賜福。隨著非裔美國人和非洲僑民傳統日漸商品化，涉及我們日常實踐的簡單、直接和有效的書籍卻似乎很少見。胡督．森．莫伊斯剛好在實踐與足夠的理論之間取得平衡，為這樣的靈性工作創建了基礎。正如他所提醒我們的一樣，這並不是「靈性休閒」——而是傳承了祖先所給予我們的魔法工作，可療癒彼此，同時療癒整個世界。

——**Mambo Chita Tann**，《*Haitian Vodou*》的作者

我們很幸運能對傳統胡督召喚魔法有如此豐富的了解，正如你能在《胡督魔法》中所能找到的操作方式，這是一本能使胡督魔法傳統易於理解的工作手冊，同時也讓人了解真實的歷史。無論是對剛開始學習的新手還是富有經驗的魔法師，我都會推薦這本《胡督魔法》。為你們送上祝福。

——**Payshence Smith** 神父，來自 Rev. Payshence Spiritual Ministry

任何對美國南方魔法感興趣的人來說，《胡督魔法》都是必需品。胡督．森．莫伊斯為我們帶來了數百年來在美國南部不斷演變又日久年深的教導。這本實用的好書教你如何在日常生活中使用胡督魔法，以及展現南方靈性的力量和毅力來發展、改變、轉換、顯化和療癒。胡督．森．莫伊斯為這些傳統完成了偉大著作，他把魔法和精神信仰編織在一起！

——**Brian Cain**，亞歷山大巫術大祭司，國際女巫節和亡靈節的聯合主辦人

《胡督魔法》是我們一直在等待的民間魔法書！這本書充滿了專業知識、詳細說明、準確的歷史和從未公開過的強大胡督魔法祕密，這是你魔法書籍中的必備之書，因為它的準確及真實性是只有出生於胡督魔法家族的人才能夠證實的。本書由富有經驗並廣受尊敬的紐奧良胡督、伏督和召喚魔法師撰寫的，是關於胡督、召喚魔法和民間魔法的優秀書籍，既適合初學者，也適合經驗豐富的魔法師！

——**Anna E. Parmelee**，紐奧良 Erzulie's Voodoo 商店的創始人和所有者

《胡督魔法》是一本寫得很棒的書，裡面有大量關於非裔美國人召喚及胡督魔法傳統的寶貴資訊。這本書能夠啟發經驗豐富的魔法師，亦能為新手召喚魔法師打下堅實的基礎，指引他們走上正確的道路。胡督・森・莫伊斯全心全意地投入到這本書的寫作中，本書每一頁都清楚展現了這一點。

——Ms. Rain's Conjure 商店的 **Lelia Marino**

我讀到莫伊斯的新書《胡督魔法》時非常激動。這本書清晰、直接，正是胡督和召喚魔法領域需要的內容。莫伊斯原汁原味地講述了這一切，並為這樣的傳統帶來深刻的見解，他講述了關於魔法的使用方式和歷史，消除了網路上流傳的諸多不準確之處。如今終於有這樣一本書能夠清楚地引領那些希望了解更多胡督和胡督魔法的人。

——**Candelo Kimbisa**，Spiritualist 電台主持人；Candelo's Corner，美國持續時間最長的帕洛 Mayombé 宗教脫口秀的主持人

胡督・森・莫伊斯擁有復興帳篷傳道士的熱情，他歡迎我們進入充滿靈性的胡督魔法世界，這是起源於非洲，從來自美洲大陸的草藥和植物根系中提取能量，幫受壓迫民眾創造改變來面對征服者的魔法實踐。莫伊斯講述了關於這種神祕實踐的故事，並說明它如何演變成一種獨一無二的美國實踐文化——基督教、猶太教和美洲原住民的影響也都融入其中。但故事才剛剛開始。《胡督魔法》從本質上講是一本最實用的魔法書：其中包含了植物、草本和烈酒的力量以及許多能讓這些成分在日常生活中發揮作用，簡單卻有力的方法——我都迫不及待想要嘗試了！

——**Christian Day**，*The Witches' Book of the Dead* 的作者，國際女巫節和亡靈節的聯合主辦人

胡督・森・莫伊斯在這本書中召喚出了他最棒的魔法。《胡督魔法》對所有的魔法使用者都適用，不論你是新手還是精英。

——**Lady Rhea**，*The Enchanted Candle* 和 *The Enchanted Formulary* 的作者

找 到 你 的 力 量 所 在

胡督魔法

北美民間魔法指南

WORKING CONJURE

A Guide to Hoodoo Folk Magic

目錄

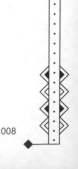

介紹

＊召喚魔法師的一天＊

在喬治亞州一個涼爽的秋日，樹葉逐漸從綠色變成橙色和金色，有些則泛起了棕色。樹木和周邊的景色看起來非常美麗，舒適的微風吹拂著落下的樹葉。

傍晚時分，太陽開始西沉，夜晚即將來臨。從光明到黑暗的強大轉變就要開始了——各種靈體也會在此時醒來。你瞧，白天屬於生者，而夜晚是逝者的。太陽落山後，一名穿著深色褲子和紅色襯衫的男子走進教堂旁邊的墓地。這個人左手拿著一支雪茄，右手拿著一瓶威士忌，頭上包裹著一塊藏青色的布。他就是召喚魔法師（Conjure man），或叫作胡督魔法師（Hoodoo man）。召喚魔法和胡督是同義詞，並且可以交替使用。

他走到墓地門口，確認了大門的位置。這個男人把手伸進口袋摸出了幾枚錢幣。他拿著錢幣，朝東、西、南與北四個方向致意，做了個小小的祈禱後，便丟在墓地門口。接著他拿著點燃的雪茄和威士忌，跨進大門走向墓地中的十字路口。到了那裡，他便開始了他的工作。

男人從口袋掏出一把小鏟子，在十字路口挖了一個小洞。土地有點硬，所以挖掘過程很辛苦。這個洞大約有十英寸深，周長大約八英寸。挖了十分鐘後，這個洞完成了。

男人感謝祖先和大地能接受他剛完成的這一份工作。他又拿了幾枚錢幣（25美分、10美分、5美分和1美分），再次朝四個方向致意，然後扔進洞中。隨後，他將威士忌倒在洞中錢幣的頂部，供奉墓地中的靈體和大地。

供品置入大地後，男人從口袋裡掏出一個棕色的紙袋，袋中有幾樣物品。

一張被麻線包裹的年輕男子照片，麻線已經事先浸泡在一種叫作「分離油」的特製油中。這個男人還在袋中放了「熱足粉」（配方見198頁），以及其他一些植物的根和符咒。

裝有這些東西的袋子被放進了洞裡。他召喚一些墓地中已與他有連結的靈體，請求它們幫助照片中的年輕人。召喚魔法師要求將照片中的男人與求助者了結關係，並驅使他離開。召喚魔法師在完成祈禱和聲明之後，就蓋住了洞口，並再次將威士忌倒在上面。

男人起身，將小鏟子放回他的口袋。隨後，他對墓地中前來幫助並聽取祈禱的靈體表達了感謝。他走回墓地的大門，謝過掌管大門的神靈，踏上了回家的路。

那天早些時候，一位年輕女子來拜訪了這個男人，她尋求他的幫助有一段時間了。她表達了與男友關係之間的恐懼和深切痛苦，形容他是虐待狂、控制欲強且大量酗酒。她講述了對他的害怕，因為他命令她「哪兒也不准去」，不然他會讓她再也無法離開，她只能在困惑中大哭。

魔法師提出了他的建議，他們聊了很久。這位年輕女子知道他是個胡督魔法師，能夠運用魔法元素改變她目前的處境，因此請求他幫忙，將虐待她的男友從她的生活中擺脫。

＊胡督魔法的條件＊

在靈性領域或魔法工作中，胡督魔法有著巨大的影響力，能創造出其他方式不太可能帶來的改變，有某些部分的因素是胡督魔法的本質使然。胡督魔法源自於對停止壓迫的需求，亦即在奴隸主面前佔據優勢的一種方式，這樣人們就可以擺脫那些他們持續遭受的糟糕待遇，擺脫那些剝奪他們熟悉和所愛事物的人。植物根源的力量，加上祖先的神靈，形成了能帶來神奇變化的紐帶。當我提到根源時，我指的是植物的任何一部分，包括根、葉、莖、花，甚至是種子。在胡督魔法的用語中，根源這個詞被視為植物各個部分的總稱。

上述操作顯現了胡督魔法師的一天。這個故事充滿人們可能聽說過但不熟悉的作法。現在，我想解釋一下故事中的步驟，幫你了解這種強大的實踐和操作是如何完成的。

首先從胡督魔法師在黃昏時分來到墓地開始。為何要在黃昏時開始？有句老話說，白晝為生者之時，黑夜為死者之境。這樣做的原因是因為黃昏代表有形和無形（指靈體）的轉變點。它就像是新娘戴的面紗。在揭開面紗之前，她的臉至少有幾分被遮蓋住，而靈體的存在則與這個原理相差不大。作為活著的生物，我們的身體有內在的生物時鐘。大多數時候，生物時鐘與白天黑夜的變換同步。白天，我們清醒、機敏，能夠完成任何需要的任務。而當夜幕降臨，我們會感到疲憊，身體也開始需要休息。我們已經從工作時間轉換到需要回歸繭中的時間。那個繭就是睡眠、休息，為第二天恢復精力。對大多數活著的人來說，我們俗稱的面紗是在晚上戴上，白天取下。當然，我們知道有些人會在夜間活動，並且比在白天行動發揮更好。作為人類，我們非常多樣化。然而，這就是生者與死者普遍的運作方式，就像我當初學到的一樣。

另一方面，靈體（死者）具有與此面紗相反的運作過程。大多數情況下，它們白天蒙著面紗，並在夜晚揭開。造成這種情況的一個重要原因是它們不居於身體內，其醒來的時間與我們正好相反。這裡有一件很重要的事，就是要注意到物質世界和靈體世界是兩面相互平行但方向相反的反光鏡。當我們睡覺時，它們起床；當我們工作時，它們休息。

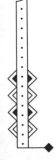

召喚魔法師到墓地大門時，會在門口獻祭供品，這就像去敲別人家的門一樣。供品非常重要，因為它們能夠帶來平衡。如果被給予了某些東西，那麼某些東西就會被取走；如果某些東西被取走，那麼就會有某些東西被給予。你瞧，魔法師要去墓地與死者完成屬靈的工作，就必須為此付出酬勞。提供供品有幾個目的，首先是為即將進行的工作付費，第二就是激勵和鼓舞與你共同工作的靈體。關於激勵，我的意思是鼓勵靈體——通過念禱詞，說感恩的話和獻祭等各種方式。

進入墓地後，召喚魔法師開始對來到面前的靈體表示感謝。他感謝它們曾經付出的犧牲，因此得以在此時站在此處，同時也感謝大地，因其擁有巨大的魔力，所轉化和創造出的改變既能體現在靈性世界，也能反映在物質世界。感恩是一種激勵和召喚靈體的形式，使我們得以獲得關注並得到幫助。當他開始挖洞的時候，也可以說他是在創造子宮，使魔法能夠在其中孕育。

土壤或塵土既具創造性又具破壞力、有能量和靈性。土壤的來源也預示著它們的用途。我們將在第5章更詳細地討論這一點，但要知道塵土本身是強大的魔法原料，能夠將魔法操作從靈性層面轉化到物質層面。

當召喚魔法師挖好洞之後，他隨身帶著一個袋子，裡面有幾件物品——是某人非常私人的物品。你瞧，胡督魔法的基礎之一就是將魔法操作連接上某人（或多個人），再將此人連接上魔法操作。這種作法是通過代表此人身上一部分的物品實現的。一張照片、頭髮、指甲等等，都能代表一個人的本質，並以魔法操作連結到此人，無論是何種魔法操作。個人關注、連結，甚至像信物這樣的術語有時候也會用於描述這些物品，具體用法取決於你來自哪裡。

這位魔法師的方法是在物質世界中實行他想要體現在靈性層面上的事物。正如我之前對兩面鏡子的解釋那樣，物質世界完成的事情會反映在靈性世界，反之亦然。魔法操作是讓物質和靈性互相匹配與反射，這也是胡督魔法中最主要的部分。

- 胡督魔法師「綑綁」了照片中的人，以阻止（約束）其做出任何對胡督魔法師的客戶不利之事。
- 綁照片的繩子上浸有「分離油」，使他遠離她。
- 操作中加入了「熱足粉」，能夠使他徹底消失。
- 隨後胡督魔法師在墓地的十字路口處燒掉裝有這些物品的袋子，在居於此地的所有靈體幫助下，受約束者的每一條路或每一個機會都將關閉。

胡督魔法師的操作完成之後，他會表示感謝（即再次激勵墓地的靈體），並將魔法留在大地的子宮之中使其孕育，這樣就能改變並實現目標。

在這本書中，我們將會討論當代胡督魔法的原理。你將學到胡督魔法的基礎實踐知識，這會為植物根部中的靈體及其所擁有的魔力建立關係並做好準備。胡督魔法的強大根源來自大地和其中的靈體，這對於成功平衡物質和靈性世界非常重要，如果你沒有根基，能夠在兩界之間顯化的魔法操作就無處放置。

這本書包含的魔法配方和操作方法，足以讓你開始這段旅程、體驗這些文化，見證這種強大魔法實踐所包含的潛在力量。使用根部的知識是每個召喚魔法師都必須了解的，它來自於理解植物根源的靈能、祖先，以及關於兩個互相反射的世界的基本原理。

在當今世界中，我們會遇到各種各樣的人，他們修煉各種各樣的事物，並有著不同的觀點，這本書則反映了我自己作為胡督魔法師的觀點。

在過去的三十五年裡，我的生活都奉獻給了屬靈的事工、研究植物和魔法工作。魔法工作支持我，打開了各種機會的大門，有時也關閉它們，魔法工作還激發了我的成長。畢竟，這就是胡督魔法的意義所在。我會向你展示魔法工作兩方面的平衡——也就是正面和負面魔法操作，並向你展示這一切的必要性，同時魔法操作中鮮為人知的部分，我也會與大家公開討論其重要性。在這樣的神奇操作中，你是如何進行以帶來改變非常重要。我們會介紹運用魔法兩面性的方法，使之成為能在日常生活中使用的工具。大自然本身就體現了事物的兩面性。暴雨帶來植物所需要的水分，也會造成破壞性的洪水。正如生活中有各種各樣的起起落落，我們的魔法操作亦可有效地用於應對和挑戰。

平衡一直是胡督魔法的基石。無論是用於祝福、療癒、欺騙或詛咒，魔法兩面性的平衡都會體現出來，提供保持平衡的方法。

變化可以是好是壞，或是中性的。無論何種變化，都會帶來成長的機會，同時讓你的魔法工作更加精進。所以，讓我們成長、學習，並開始了解胡督魔法吧！

— 1 —

什麼是胡督魔法？

在美國的許多地方，尤其是南部，你能聽到不少像胡督、召喚魔法、祖源魔法或根源魔法，或是「操作」這樣的術語，用於描述以某種方式帶來變化的魔法實踐。這些術語現在已經成為彼此的同義詞。從此處開始，我們將會使用「胡督魔法」一詞來描述這種魔法實踐。那麼，胡督魔法是什麼？簡而言之，胡督魔法是一種源自非裔美國人的魔法實踐，它受到來自非洲靈性實踐的影響，也受到基督教、猶太神祕主義、美洲原住民的實踐以及歐洲民間魔法的影響。然而，最主要的影響來自於中非和西非的精神信仰。

在跨大西洋奴隸貿易期間，許多非洲人被迫離開家園、家人、精神信仰和所熟知的一切，他們被帶到加勒比海地區及美洲。這些奴隸主要來自非洲西部和中部地區——如剛果、貝南和奈及利亞。他們不同的宗教和精神信仰對加勒比海地區和美洲產生了巨大影響。在美國，奴隸貿易的暴行一直持續到一八〇八年，直到從非洲進口奴隸被法律禁止。當然，這並不意味著走私奴隸的行為自此不再發生。天主教和新教的教會都認為非洲的宗教、靈性傳承和信仰系統是邪惡、不道德甚至是凶殘的。人們猜想惡魔崇拜、活人祭祀和其他各種不道德行為都屬於非洲宗教實踐的一部分，因此這些偉大卻又被奴役的非洲人，被禁止以自身文化的方式來紀念和敬奉他們的神靈。相反，他們被迫接受基督教，以此支持或是增強奴隸主的控制。你瞧，如果他們也敬奉奴隸主的神明，奴隸主的控制就能夠更緊密，如此一來，他們逃跑或反抗的嘗試就會減少。

在這種情況下，你可能能夠理解這種悲慘狀況所帶來的絕望。然而，一些被奴役的人的確找到了戰勝的方法。有些人祕密地繼續他們的信仰，如此非常危險，因為如果被抓住，後果須面臨毆打、鞭打、殺害、強姦、被迫對同為奴隸的親人施以人身傷害，還會被奪走他們本來就少得可憐的食物。主要是因為恐懼這些後果，他們才無法反抗自己可怕的境遇。

然而，有些人更具創新性——他們使奴隸主相信他們在信奉基督教，而事實上他們只是把它當掩飾，盡可能地繼續自己的信仰。他們會堅守自己文化的精神信仰，戰勝持續不斷且幾乎無法承受的負擔和壓迫。正是從這一點，我們發現基督教對現今所了解的胡督魔法實踐造成了影響。

胡督魔法誕生於美國，因應克服壓迫、創造機會，和獲得向壓迫者豎起中指的能力而生。這是一種對奴隸主的反抗行為，也是對那些奴役他人且實施暴行的人之反叛方式。這樣的魔法操作是迫切需要的，而這些奴隸及其祖先的靈體逐漸演變成了胡督魔法——也是最強大的靈性傳承和魔法實踐之一。

胡督魔法的工作方式深受剛果地區宗教信仰的影響，它們也是胡督魔法的主要根源之一。靈體居住在樹木、枝葉、根和大地中，它們具有促使改變的力量，這樣的想法成為我們當今所了解的胡督魔法結構中，重要的組成部分。

此處所提到的變化意指一個領域或世界出現在另一領域之中。我們通過魔法操作來創造新的現實事物。例如，你需要操作或是療癒的現實情況在物質世界很明顯，卻不一定在靈性世界有所體現。植物根源的靈體在兩個世界之間都能發揮作用，故而也都能有所顯化。在這種情況下，你正尋求的療癒或是需要操作之處不僅會為你敞開大門，而且為獲得這些東西所付出的努力、取得的成果，也會帶來實質驗證，並在現實世界為人所知。當靈性世界和物質世界相互映照時，就能夠得到魔法的效果，你所患的疾病將不再困擾你。簡單來講，這就是內在工作的外在顯化，也是外在工作的內在顯化。這是雙方、兩個世界和兩個現實的平衡。

現實世界的轉變是透過這些能幫助你達到預期目標的靈體或靈能共同操作來實現的。正是利用這些上帝賦予我們的植物根源所包含的自然原始力量，我們才能開展自己的精神修養，向前邁進和發展，創造更美好的日常生活。

植物的力量是魔法始源的開端之一。植物的精靈會帶來神聖的感覺，這些精靈和我們一起進行魔法操作，促使事情成功，最終以各種各樣的方式創造改變。例如，假設不管你在何處轉彎，道路都被堵住了，就像胡督魔法的語言中所說的，沒有什麼「為你敞開」一樣。這可能是因為十字路口，也就是機會和門路都對你關閉了。

為什麼是十字路口？因為十字路口是擁有力量的地方，物質領域和靈性領域在那裡相匯合。在那裡，我們的道路就在眼前，假使道路對我們關閉，我們絕對可以看到四周的阻礙。所以，你得把一些供品帶到十字路口，運用魔法操作使它打開。

你可以拿一個椰子，放一些頭髮、指甲或者剪下來的腳趾甲，連同一張照片、一些紅棕櫚油還有一些糖放在裡面，然後把它帶到十字路口。你可以在十字路口奉上威士忌、蘭姆酒及香菸，同時請居住在那裡的靈體——其實會有很多靈體——打開通路。與此同時你也要在地上挖一個洞來埋掉你的魔法。當這些都完成之後，十字路口，亦即你的道路會再次打開。這只是在該情況下可以使用的魔法操作之一，我想要表明的是，這些根、泥土和樹葉等等，都具有在靈性與物質世界成功顯化的力量。這一基本原則是我們胡督魔法師所堅持也因而得以有效地使用魔法之因。

＊胡督魔法的影響＊

胡督魔法在各個地區都有所不同，在每個家庭中也不同。這是為什麼呢？簡單地說，不同地區會受到不同文化的影響。有些地區擁有更易獲得的植物，當地的家庭也有影響力，胡督魔法會逐漸吸收在地的民間習俗。

在南部，你會發現人們從後到前打掃房屋，不僅是為了清潔地板，也是要淨化他們的房屋，你可能也發現了有些人會在房屋的角落放一枚鐵道釘來當作保護。放置象徵能夠穩定或是加固房子的物品，可防止負面能量或是邪惡力量進入房屋。小時候，我們家門口會放一杯水，裡面裝著被稱為邪眼的玻璃球。我們每週會點燃一支蠟燭並放在玻璃杯旁邊，因為人們認為邪眼在水下無法生存。如果有人試圖使用邪眼來攻擊你，門旁的玻璃杯就會遭受重擊。你瞧，這些魔法實踐在家庭流傳下來的故事裡錯綜複雜，最終成為如今胡督魔法的重要組成。

胡督魔法本身既不是宗教也不是靈性道路，而是為了帶來改變而進行的魔法／靈能操作。無論這種情況是感情關係、金錢、工作、壓力、療癒還是淨化，胡督魔法的基本原則就是做出能夠改變現況的操作。

如今，胡督魔法的操作已經能夠與當地的靈性實踐結合使用，並且在某些地區有了大量這樣的作法。比如，在紐奧良，城裡的人大多是羅馬天主教徒，天主教會是這座城市精神信仰的很大一部分。許多胡督魔法師都會參加每週一次的彌撒。但你會發現胡督魔法與天主教聖徒的結合在紐奧良非常普遍。以聖艾克斯普提特（St. Expedite）為例，也可叫作聖迅捷。在生活中，「Expedite」是一名羅馬士兵，據說他歸附於基督教，在西元三〇三年被斬首。他以在匆忙之中完成任務而著名。因此，當人們由於時間限制或者其他緊急情況而急需獲得結果時，他就是人們尋求幫助的聖徒。不管信徒隸屬於天主教信仰與否，聖艾克斯普提特都是深受愛戴且適合共事的人。信仰天主教的藥草魔法師會去找他，進行獻祭然後完成操作，如此事情就會迅速推進，人情也會盡快得到回應。

通常，與聖艾克斯普提特共事需要與他達成交易。這個交易就是一旦他應允了你的祈願，你就得奉上供品。例如，你急需錢來支付帳單，可以向他祈禱並告訴他，如果快速得到應允，你必須奉上供品，比如磅蛋糕、水、蠟燭（紅色、白色或黃色）和花。接下來，重要的事就是履行承諾。當你答應了靈與聖徒，或者任何有所請求的對象，你一定要遵守諾言。請記住，如果他們能夠為你帶來某樣東西，必然也能輕鬆將其拿走。而且他們這樣做完全合理，因為你沒有履行你那部分的約定。

幾年前，我在紐奧良的一座天主教堂裡四處張望，我看到了美麗的雕像、彩色玻璃和祭壇的裝飾品，對這個地方感到敬畏。我碰巧來到能夠為人們點燃祈願蠟燭的地方，這確實是一幅動人的景象。所有的蠟燭都因各種禱告和祈願而點燃，全都放置在一個漂亮的架子上。

當我正在欣賞架子和布景的燈光時，我注意到蠟燭架下面有一個東西，正藏在其中一支鐵柱後面。那是一個魔咒袋——一個小小的符咒袋——上面包裹著聖艾克斯普提特祈禱卡。無論胡督魔法師所做的魔法操作是什麼，它都被放置在了教堂佈置的燈光下。當然，我並沒有觸摸這個正在進行中的魔法物品。那會是失禮的作法。然而，我確實對這樣將兩種不同道路相結合的魔法操作表達了極大的尊敬。這是胡督魔法和天主教相互合作的體現——將信仰和魔法操作共同運用來達成期望的目標。植物魔法與聖徒的力量在此協同合作。這樣的操作正好是信仰的內在工作與胡督魔法的外在工作共同運作的良性例證。

在新教和基督教佔據主導地位的地區，你也能發現胡督魔法師的痕跡。請記得，胡督魔法本身就包含與植物的強大關係，它與信仰或是靈性道路共同發揮作用，將內在信仰與外在操作相結合，而產生影響或是擴展。例如，舊約就在胡督魔法中被廣泛使用。

不管人們願不願意，基督教都對胡督魔法有著深遠的影響。比如，創世紀、詩篇、箴言和聖經中的其他書卷，都蘊含著關於能量的奧祕。這些書中關於能量的內容主要由幾件事組成。有些咒語或魔法工作——即能夠帶來神奇改變的魔法原理和能夠使物質層面改變的強大靈性工作——其實也包含在我們常使用的聖經中。

我所說的聖經書卷，指的就是聖經本身。比如創世紀、詩篇、箴言，還有以賽亞書，它們都是組成大書的小書卷。那麼，是不是只有基督教的影響，才是我們如今所了解的胡督魔法基礎呢？絕對不是。胡督魔法的根基地——非洲依然是其主要起源。

剛果人、約魯巴人和豐族人的影響主導了這種強大魔法實踐領域的操作方式。非洲的靈性實踐從過去到現在都以大自然和祖先為基礎，這對魔法操作的力量有著極度重要的意義。

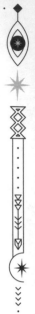

讓我們以布娃娃為例，它也叫巫毒娃娃。這樣的布娃娃是用胡督魔法師所在地區的典型物品製成的。布娃娃可以用木棍和西班牙鬚草（俗稱空氣鳳梨）製作，然後用布料包裹起來形成身體，也可以用麻線和棉花做成。製作布娃娃的方法眾多，其中有許多沿用至今。

布娃娃的目的之一是透過私人物品與某人建立連結，然後對此人進行魔法操作，無論是正面還是負面，私人物品包含頭髮、血液或剪下的指甲等等。這樣的布娃娃可以用來承載魔法操作的靈體，通常建立在契約的基礎上，讓布娃娃作為容器使靈體能夠進行魔法操作。

在剛果，有一座名為「Nkisi」的大型木製雕像。在這些雕像的腹部或頭部後面，通常會有一個挖空的區域，用來放置特殊的植物、骨頭和粉末，供棲居在裡面的靈體使用，還會將釘子釘入其中以激活這個雕像——或者說大型木娃娃，你想要這麼稱呼它也可以。把釘子釘入Nkisi是為了喚醒居住其中的靈體並且把任務賦予它們。在此，我們可以發現這和美國的巫毒娃娃有很多共性，我們也能看到釘入Nkisi的釘子和巫毒娃娃身上的大頭針有類似之處。

當受奴役的剛果人被運往美洲時，由於種種原因，他們沒辦法製作Nkisi雕像。首先，他們沒有雕刻所需的材料。其次，雕像的外觀和巨大的尺寸會使它們非常顯眼，可能會給他們帶來前文提到過的可怕後果，於是便需要一個替代方案。因此，更小、更容易隱藏，且依然有效力的布娃娃就產生了。

正如你所看到的這樣，來自各種文化的靈性影響，在如今胡督魔法的演變中皆發揮了重要作用。甚至可以說，這種魔法實踐在許多家庭中都發揮著作用。

＊胡督魔法師對胡督魔法的解釋＊

當我們提到胡督魔法時，會聯想到幾件事。腦海中經常會出現「下詛咒」或者「耍詭計」這樣的術語，這些術語能夠很好地說明胡督魔法的性質和實用的一面。

胡督魔法是透過與植物建立關係而有效地完成魔法操作。與植物有關係嗎？沒錯。你瞧，胡督魔法的一個原則就是，上帝在地球上放置的每一種植物和動物都是為了讓人類使用並受益——不僅是為人類提供食物，也是為了魔法操作。每一種植物上都帶有能夠與大地連結的靈能，並且具有進行某種特定魔法操作的特點。

以下是聖經中關於植物和動物的兩處引文，第一段來自詩篇104：

1 我的心哪，祢要稱頌耶和華！耶和華我的神啊，祢為至大！祢以尊榮威嚴為衣服。
2 披上亮光，如披外袍，鋪張穹蒼，如鋪幔子。
3 在水中立樓閣的棟梁，用雲彩為車輦，藉著風的翅膀而行。
4 以風為使者，以火焰為僕役。
5 將地立在根基上，使地永不動搖。
6 祢用深水淹蓋地面，猶如衣裳；諸水高過山嶺。
7 祢的斥責一發，水便奔逃；祢的雷聲一發，水便奔流。
8 諸山升上，諸谷沉下，歸祢為他所安定之地。
9 祢定了界限，使水不能過去，不再轉回遮蓋地面。
10 耶和華使泉源湧在山谷，流在山間。
11 使野地的走獸有水喝，野驢得解其渴。
12 天上的飛鳥在傍水住宿，在樹枝上啼叫。
13 祂從樓閣中澆灌山嶺；因祂作為的功效，地就豐足。
14 祂使草生長，給六畜吃，使菜蔬發長，供給人用，使人從地裡能得食物。
15 又得酒能悅人心，得油能潤人面，得糧能養人心。

16 佳美的樹木，就是利巴嫩的香柏樹，是耶和華所栽種的，都滿了汁漿。
17 雀鳥在其上築巢；至於鶴，松樹是牠的房屋。
18 高山為野山羊的住所；巖石為沙番的藏處。
19 祢安置月亮為定節令；日頭自知沉落。
20 祢造黑暗為夜，林中的百獸就傾巢而出。
21 少壯獅子吼叫，獵食，向神尋求食物。
22 日頭一出，獸便躲避，臥在洞裡。
23 人出去做工，勞碌直到晚上。
24 耶和華啊，祢所造的何其多！都是祢用智慧造成的；遍地滿了祢的豐富。
25 那裡有海，又大又廣；其中有無數的動物，大小活物都有。
26 那裡有船行走，有祢所造的鱷魚游泳在其中。
27 這都仰望祢按時給他食物。
28 祢給他們，他們便拾起來；祢張手，他們飽得美食。
29 祢掩面，他們便驚惶；祢收回他們的氣，他們便死亡，歸於塵土。
30 祢發出祢的靈，他們便受造；祢使地面煥然一新。

31 願耶和華的榮耀存到永遠！願耶和華喜悅自己所造的！

32 祂看地，地便震動；祂摸山，山就冒煙。

33 我要一生向耶和華唱詩！我還活的時候，要向我神歌頌！

34 願祂以我的默念為甘甜！我要因耶和華歡喜！

35 願罪人從世上消滅！願惡人歸於無！我的心哪，要稱頌耶和華！祢們要讚美耶和華和華！

第二段　創世紀1：29－31

29 神說，看哪，我將遍地上一切以種子結出的菜與樹上所結的果實全賜給你們作為食糧。

30 至於地上的走獸、空中的飛鳥與爬在地上的各式生命，我將青草賜給他們作食物。事就這樣成了。

31 神看著一切所造的都甚好。有晚上，有早晨，是第六日。

例如，我們可以細想一下當歸根。當歸是一種非常強大的植物，擁有遮蔽和保護的作用。它就像走在你前面的守衛者，因此經常被用於保護魔法和淨化魔法。當歸根的精靈是傾向於履行保衛者或者守護天使職責的精靈。

當我們與這些植物的精靈建立關係的同時，也建立了雙方之間的約定：

- 我們供奉植物的精靈
- 精靈為我們執行魔法工作

平衡在植物魔法中至關重要。事物之間的平衡是得以轉化並完成魔法工作的方式及原因。

當你使用植物進行魔法操作時，就必須為植物所做的工作付出酬勞。

世界上沒有什麼是免費的，包括植物魔法也是如此，一如我們對植物祈願，需供奉蘭姆酒或威士忌、香菸、歌曲、金錢和光亮（點燃的蠟燭）等，這些都是魔法操作中給予和接受的一部分。如果我因為胃痛而去看醫生，想讓自己感覺舒服些，就需要付錢給醫生讓他檢查和診斷我的疾病，因為他不會僅出於善意就免費幫我看病。這個相同的原理也適用於植物魔法，精靈也需要得到酬勞。祈願時給予供品，植物的精靈才會進行並且完成魔法。

與植物建立的關係能夠為強大的魔法打開大門。正如我們與祖先、指導靈及神明等建立關係一樣，對植物也適用，這種連結形成的魔法可說是相同或相似。你對植物精靈說話，對其表示敬意，並供奉它們。當你做這些時，你會發現它們將帶來回饋。魔法的契約就自此開始。

了解魔法最重要的一環就是理解文化影響、奴隸制度、反抗壓迫、民間魔法以及口耳相傳的故事，這些在胡督魔法的傳統及其神奇力量中發揮著重要作用。把前人所流傳下來的魔法和與植物的緊密連繫相結合，能夠造就一位在魔法領域不可動搖，在靈性工作領域堅定不移的召喚魔法師。這就是胡督魔法的真諦，前人的力量、你與植物建立的連繫，都會成為提供你權威和力量的基礎。

— 2 —

胡督魔法的原則

＊胡督魔法師的生活方式＊

很多人都認為胡督魔法是在你有需要或想要時才使用的魔法，我不同意這種說法。胡督魔法操作的誕生是為了克服奴隸制的壓迫，這是奴隸為了扭轉劣勢，並至少在某種程度上，能從奴隸主那裡奪回被剝奪事物之一種方式。

胡督魔法不只是一種手段，也是一種能夠克服阻礙且持續使我們日常的人生道路更加暢通的文化。我們做事通常不會去思考箇中意義。例如，假如我在掃地時不小心用掃帚掃過了我的腳，便會不自覺地將掃帚抬起來並在上面吐口水。為什麼？用掃帚掃過腳可能會把好運和福氣帶走，在某種程度上可能會使這一天變得困難重重。另一個例子是，每次我去墓地時，總會在大門或入口處扔下錢幣。這都是不假思索之舉，但我知道，當我拜訪別人家時從不空手而去。這只是一些簡單的例證，說明了我們在靈性世界和物質世界的生活與行為方式。

胡督魔法蘊含了強大的文化，在這種文化中，對自己不利或有害事件的發生是令人難以接受的。正是因為有了這樣的文化，我們才絕不允許自己被打敗，也不允許失敗的可能性。

＊創造神奇的改變＊

胡督魔法中最有效力的地點之一是十字路口。十字路口是靈性世界和物質世界交匯之處。只有在十字路口，你才能了解到兩個世界，同時於此地完成強大的魔法操作。胡督魔法的一個基本原則就是相互融合。

如同互相映射的兩面鏡子，在靈性世界中的魔法能夠反射到物質世界上，同樣地，物質世界的行為也能反映到靈性層面。每種魔法顯化都有自己的獨到之處，但要明白的是，在這個物質世界所做的事也能夠在靈性世界顯化，反之亦然。使用有形的事物，比如植物，來完成能夠達成神奇變化的魔法就表明了這個道理。例如，消除厄運的魔法能夠通過在特定的時間泡澡來完成。在物質世界的泡澡行為會被發送（或反映）到靈性世界，由此消除厄運的過程就開始顯化。兩界共同作用便可實現改變，移除你不再需要的事物。

一切都與平衡有關。胡督魔法沒有善惡之分，自有其必要性。我們不會以非黑即白的眼光來看待事物。環境、狀況和情境通過這種方式被審視並操作，平衡進而得以維持。如果魔法工作具有正當理由，那麼它就是合理的；如果不合理，則會在靈性層面帶來後果。如果無法保持平衡，那麼混亂就會開始蔓延。因此我們會做必要的事來保持秩序。這也是我們同時運用魔法的正反兩面來進行操作的原因。胡督魔法的操作從來都不是只關乎愛與光明面。每一位魔法師的職責都是在需要之處保持平衡，因此需要運用魔法的正反兩面來完成。有時我們必須做些令人不快的事，這些事不會被稱作「好事」，然而這不能否定這些事必須完成的事實。請再次想想祖先是如何克服被迫忍受的狀況和環境的。如果當時一切都愉悅有趣的話，他們也不會為了逃脫眼前的魔掌而做出那些不得不做之事。

＊靈體＊

胡督魔法的基石之一是祖先，是祖先為我們每個人開闢了道路，讓我們走到今天這一步。他們以鮮血、汗水和眼淚，為我們進行這些魔法並為各種情形和環境創造出改變而奠定了基礎。與前人建立起關係的重要之處，就是打開通往強大靈性工作的大門。

你的祖先擁有無窮的智慧，能夠為你的魔法操作指明方向。他們所做的犧牲都能帶領你成長、保護你有力地進行魔法工作，並構建出任何風暴都不會動搖的靈性基礎。

胡督魔法的另一個基石就是植物本身。每一種植物（根、草本、樹皮，還有植物的其他部分）都蘊含著靈能。植物的靈能能賦予它完成某些特定靈性操作的能力，具體取決於植物本身，因它們皆有自己的先天特質。有些可帶來成功、提供保護或進行淨化等等，有些則在邪術、厄運或詛咒等方面非常有效。了解植物是進行這項魔法工作的關鍵。在胡督魔法中，我們堅守一個真理，即上帝將所有的植物放置在大地上供我們使用，既能作為食物，也能用於靈性工作。與靈體一起進行魔法工作時，無論是你的祖先還是植物精靈，最重要的是應尊重它們、向它們表示敬意並與之建立關係，這能為你的魔法操作帶來效力。因此，我們總會為祖先和植物精靈奉獻供品。

如果獲得了一些東西，就會有另一些東西被拿走；如果有些東西被拿走，那麼就會有另一些東西被寄予。這讓一切保持平衡，應該被視作支付工作完成的酬勞。例如，如果你去剪髮，就理應為理髮師或造型師的勞動付錢。這再正當不過了！

同樣，祖先及植物的靈體需要接受供養才能完成交付給它們的工作。我們愛著它們，它們也愛著我們。我們為它們工作，它們也為我們工作。我們給它們供品，它們為我們帶來原本我們不具備的保護、智慧、見解和知識。

禱告和祈願也非常重要。如果你不祈禱，它們怎麼會知道我們要請它們做什麼？如果你不用啟發性的語言來激勵它們，它們怎麼會想為你工作？感恩它們做過和即將要做的一切，如此簡單的事情自有其效力，足以在整個胡督魔法工作中增加你自己的力量。

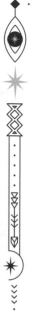

＊胡督魔法的主要組成部分＊

在胡督魔法中，有一些物品和材料是你必須自備的，亦即我們魔法中的主要成分，幾乎所有操作中都會用到。

蠟燭必須存在的原因非常簡單。蠟燭能夠為即將發生的一切照亮道路，如同懸崖上的燈塔。燈塔為船隻引領方向，把它們帶領到自己身邊。在魔法工作中，蠟燭的作用也是如此——它讓靈體更加靠近，使魔法得以完成，除非這個蠟燭被設定為要做不同性質的工作，蠟燭對靈體來說也是一種供養。

水在靈體的魔法工作中也很重要。它是行動的一種方式，是靈體的通道，它的存在是為了促成魔法工作。可以說，水能夠打開讓靈體通過的大門，以便完成魔法。正是由於這個原因，在進行魔法的地方放置一杯水有重要的意義。還有一件事就是對於植物的選擇。你會發現房子四周生長了很多東西，也會看到裝有乾燥植物的罐子或者袋子。很多魔法都是從植物開始的，也正是通過植物我們才能持續進行這些工作。植物是魔法粉末和魔法油的成分，能夠為需要去除、強制或放大的情況帶來神奇的改變。

在胡督魔法中，非常重要的一點就是要確保與操作魔法的個體或被施加魔法的個體建立連結。這樣的連結是通過私人物品建立的，例如頭髮、指甲、血液、精液或未洗的衣服等等。這些東西包含了此人的一部分本質，正因如此，使用它們就相當於這個人站在你面前一樣。也可以使用照片和姓名紙（寫有此人全名的紙片），但與此人真正的私人物品相比，可能沒有那麼強的效力。

總而言之，這樣的魔法操作需要親自動手非常實用，且不畏避任何能使情況改變而必須達成的操作。胡督魔法將這些事物連接在一起從而創造改變。這種魔法的操作方式擁有巨大的力量，並且有能力促進強大的靈性工作。

如果你行使魔法操作時為你與靈體的關係感到可敬且光彩，那麼它們也會回報你。我所提及的光彩，指的是無論你做什麼，都要帶著正直和平衡的態度去完成。萬事萬物都必須保持平衡，而唯一能保持平衡的方式就是了解如何運用魔法的正反兩面。

— 3 —

前人的基礎（祖先）

每個家都需要打好地基才能建立。沒有地基，房子就會搖搖欲墜，即使遇到最輕微的晃動也會倒塌。暴風雨來臨時，缺乏穩固根基的房子很容易被打倒摧毀。試想如果你在沙子上建立房子，房子能保存多久呢？它倒塌並被大地吞噬需要多久時間呢？地基的存在對於建造成功且持久的房子至為重要。

祖先就是我們的根基，正是有了他們的鮮血、汗水、流淚和犧牲，你我才能夠走到今天這一步。你瞧，他們經歷戰鬥，清除了道路上的阻礙，為新世代開闢了道路。他們所忍受的痛苦、克服的困難、面臨的挑戰和付出的犧牲，使我們有了繼續開拓道路的機會。我所指的道路是尊重你的靈體和家庭，做正確事情的道路，亦即智慧之路、魔法之路與進步之路。隨著祖先向前發展，靈體也在我們的幫助下前行。你想知道如何為靈體服務嗎？就從你的祖先開始。

＊為祖先服事＊

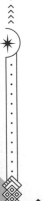

與祖先建立關係是你能做到且最重要的事情之一。了解你來自何處，了解族人如何辛苦奮鬥與他們如何克服困難，可以為你帶來力量。若將相同的原則運用在你自己的生活中，這也會成為你魔法工作中的強大工具，為魔法帶來力量，它會為將要發生的事情打開大門。你需要知道自己來自何處，才能明白你將前往何方。

在我小時候，確切來說是四歲的時候，在社區公園的一個遊樂場上玩耍。我在滑梯上不斷反覆爬上又滑下，度過了快樂的時光。爬到高處（在四歲孩子的腦海裡，十二英尺就像到了天堂一樣）再滑下來的感覺在世上真是絕無僅有！在我向下滑的時候，我開始聽到一些聲音，這是我之前從沒聽過的音樂。我把頭轉向音樂傳來的方向，看到一個女人站在滑梯附近。她手裡拿著一個小手鼓，正發出美妙的聲音！我滑下滑梯之後，站起來向她走去。我不住地看著她，因為我被這聲音和她臉上的神情迷住了。我好像迷失在眼前事物的美麗中。

她用明亮得幾乎要燃燒起來的眼睛看著我，其笑容像祖母的懷抱。然後她告訴我，她是我的族人之一，是我的祖先，她也告訴我她的名字，還說她一直都和我在一起，我血液中的力量與她的是相同的。如今，在我看來，一個典型的四歲小孩可能完全聽不懂，還可能對眼前的事情感到害怕。但另一方面，我並不是典型的四歲小孩。我感到了前所未有的奇異舒適感和安全感。畢竟她是我的朋友。

她繼續告訴我說，永遠都要記得尊重我的出身，以我的血統為榮，這將為我以後的道路奠定基礎。雖然我並不完全明白這意味著什麼，但我知道這很重要。之後，坐在附近一張木凳上看我玩耍的祖父叫我的名字。我轉過頭去回應他，而當我再回過頭去的時候，那個女人就像一道閃電一樣消逝了。我把她說的話告訴祖父，他注視著我並對我說，他知道她是誰，還有她是我的保護者之一。他還說她來找我是因為我的人生有著一個目的，以及我們的祖先必須永遠排在第一位，因為他們是我們的根基。

正是在那時，我開始承認、尊重我的祖先，並開始與他們交談。在這個過程中，我與祖先建立了連結，也奠定了不可動搖的基礎。他們不只存在於我的魔法中，還存在於我生活的方方面面。那麼，我們如何開始為祖先服務呢？我們要如何建立這種關係和基礎？接下來我會一一告訴你。

祖先的靈體與其在世時的樣子非常相像，如果我們開始接收關於他們的訊息，會發現他們有自己的觀點、感受，當然也擁有智慧和方向。祖先是我們偉大的保護者，在我看來，他們也是我們能擁有的最佳盟友。眾所周知，祖先不僅想要協助我們取得成功，還會幫助我們渡過人生的風暴。由於這些原因，他們參與和指引我們所做的事就有了根本上的重要意義。

如今，我看到過也聽說過各種各樣關於如何為祖先服事的事。我還看到有些人把過程變得極其複雜，而我要告訴你，不應該用那樣的方式來完成，也不應該是刻意為之。祖先想要與你建立的關係——是基於榮譽、愛和魔法的關係。這樣的話，隨著你的心靈逐漸向著他們繫念，你對他們的敏感度也會增加。

＊敬重你的祖先＊

你可以從簡單邀請他們進入你的家和生活開始，向他們尋求啟示。開始前你需要準備以下幾樣東西：

- 能夠進行操作的空間——可以是桌面或者架子，擺在哪裡都可以
- 1個白色蠟燭——裝在玻璃罐中能夠連續燃燒七天的蠟燭，通常效果很好，能夠解決安全問題及放鬆心情
- 1杯水
- 屬於祖先的照片或個人物品（如果沒有這些東西的話，姓名紙〔在上面寫下他們的名字〕就可以了）
- 一些新鮮水果，例如香蕉、蘋果、葡萄或芒果
- 放水果的盤子
- 1把椅子

開始這項操作的最佳時間是在黃昏時分，這時白天轉向黑夜的過渡即將開始，通往更成功的魔法之門也打開了。

在你騰出空間之後，就從點燃蠟燭開始。蠟燭是用來照亮道路的，這與引導船隻駛向岸邊的燈塔原理相同。蠟燭本身也是用以激勵祖先的供品。

蠟燭點燃後，將其呈向四個方位。我個人會把它呈向於東、西、北和南四個方向並致意，因為這也象徵性地代表了十字路口。

為什麼是十字路口？因為十字路口是物質與靈性世界交匯的地方。在這裡，兩個世界匯聚並交叉，雙方不但能相遇，還能互相交流。十字路口是這個世界上最強大的地方之一，因此，應該受到靈性追求者的尊重和運用。當你想到十字路口時，你會想到兩個強大世界的共同效力——靈性領域和物質領域結合在一起進行交流。在這樣的交融中，我們探索了靈性領域，靈性領域也與物質領域交會。有了這樣的象徵表現，你與祖先的魔法操作就能更加開放，因為當我們尊重十字路口的力量時，我們也是在尊重兩個世界的交匯之處。

將蠟燭向四個方向呈現時（也就是做出十字路口的象徵），你只需要拿起蠟燭並朝每個方向舉起即可。從東方開始，轉向西方，然後轉向北方，最後轉向南方。太陽從東方升起，代表新事物、新開始等等。出於這個原因，我們從東方開始。

向四個方向呈現完畢後，把蠟燭放在你為祖先準備的空間內。

將蠟燭放好之後，拿起一杯水。水是靈體的管道、行動的方式，也是打開門讓靈體通過的方式。我們在與祖先的靈體一起進行魔法操作時所用的水，不僅是讓他們有更多機會能進入我們的空間，也是讓水作為打開靈性大門的鑰匙。拿起一杯水，將它呈現給四個方向，然後放在為祖先準備的空間裡。

我有一個非常好的朋友，召喚魔法師 Candelo Kimbisa，和我聊到水與祖先時他說，「要一直在水中尋找你的祖先。如今的雨和我們祖先存在時下的雨是一樣的，而這就是與他們的連結，這個連結為他們的靈體打開了大門。不管是在河邊、暴雨中還是海邊，只要你開始尋找，你就會在那些地方找到他們。」當你想像曾經落在你祖先身上的雨，如今正落在你身上時，就會意識到這是一個如此深刻的觀點。我們的身體主要由水組成，當我們離去時，水又會返還給大地，這是一個非常強大的觀點。你瞧，我們的祖先也再次變成了那些水的一部分。

接下來你要做的就是蒐集祖先的個人物品，比如照片、他們戴過的珠寶、曾經穿過的衣服，或者與他們有過連結的物品等等，你也可以使用姓名紙，重要的是拿出能夠與他們建立連結的物品。這樣的連結是促進溝通、交流，敞開心胸以便接受來自靈體訊息的一部分。把你祖先的個人連結放在他們的空間中，放置這些物品時要呼喚他們的名字以示感謝。

下一步是食物。食物其實是這個過程中非常重要的一部分。你瞧，就連逝者也是需要吃東西的。食物為我們提供營養和能量，使我們能行必要之事。即使逝者也需要這些東西，因為它帶來進行魔法的能量。它們汲取食物的精華，因為它有提供能量的能力，就像它為生者帶來能量一樣。除此之外，請記住，這個過程與你的祖先在世時的進行方式非常相似。還記得人們來到你家，或者你去別人家吃飯時的場景嗎？食物成為了開啟溝通、建立連結和促進關係的工具。例如，圍坐在餐桌旁，和親人一起撕開麵包，談論各種事情的時候——你們吃吃喝喝，也進行了交流。即便他們已不再存在於身體中，但不意味著這方面的儀式就不再重要了。食物還可以起到補充營養的作用——食物中的生命精華滋養了你的祖先，也使他們變得更強，能夠在你服事他們的同時為你工作。

所以現在，把你為他們帶來的水果放在盤子裡。許多人用白色的盤子來象徵祖先的顏色，我個人也這樣做，亦建議你這樣做。你可以拿幾片水果放在正門外，作為歡迎祖先來到你家的一種方式，就像晚餐前的一份禮物或是帶去他們家的一瓶酒。此處完成後，拿起那盤水果，再次將它呈現給四個方向，用來表現對十字路口的敬意，同時將你的魔法送到物質與靈性世界的四個角落。接著，把盤子放在祖先的空間上，再去拿椅子。

現在一切都應該準備好了。拿起椅子，將它放在空間的前方並坐下。這時你可以開始呼喚你的族人，感恩他們的存在，感恩他們為你所做的事情，也感恩他們所付出的犧牲。這些不僅是語言，還有祈禱先人打開你心靈的作用，同時邀請那些聽到你召喚的人，以真實方式出現在你的生活中，成為你生活的一部分。

對祖先的祈禱不必花俏，發自內心的祈禱最有力量。不過，我要舉個例子來說明我如何向我的鄉親們祈禱。對我來說，這是最重要的事，因為祖先確實是我立足的基礎。下面就是一個例子：

祖先，我用感恩，榮耀和尊重的語句呼喚你們。

我感謝你們為我所做的一切，感謝你們為我付出的每一次犧牲，感謝你們開拓了我如今所在的道路。

我尊敬你們的身分，尊敬你們的事業。

感謝你們曾經為我做的一切，也感謝你們將要為我做的一切。

我請求你們來到這裡，用你的存在充滿此處，用智慧和愛填滿我的心靈。

祖先（此時可以稱呼他們的名字），我請求讓我感受到你們的存在。

我請求你們向我展現出自己，讓我得以認識你們，讓我得以知道你們走路的方式，讓我得以了解你們的魔法力量。

我請求你們打開我的耳朵，讓我能聽到你們說話；敞開我的心，讓我能認識你們；打開我的眼睛，讓我能看到你們；張開我的手，讓我和你們共同工作；跨出我的腳，讓我和你們一起前行。

有了你們的努力和犧牲，今天我才能夠站在這裡，我為此感激不盡！感謝你們給予我的一切，感謝你們為我所做的一切！

我的身分和我擁有的一切都來自於你們。

我把榮譽、感恩和祝福獻給你們！

只要你覺得應該繼續祈禱，那麼就繼續，但不要半途而廢。換句話說，當你祈禱的時候，請記住，你不僅僅是在講話，也是在打開一項靈性活動的大門。如果你只是張開嘴說話，除了把禱詞唸出來之外沒有用心進行，就別期望會有好的結果。你付出的努力愈多，得到的啟示就愈多。當你完成對祖先的祈禱和感恩之後，從盤子裡拿一塊水果和他們一起吃。吃的時候也要仔細聽。傾聽他們的聲音、感受他們的存在，並且心存感恩。一直有人問我食物要在那裡放多久。我的回答總是同一個——食物要一直保留到他們吃完為止。通常，他們會反問我，「我如何知道他們什麼時候吃完？」我的回答是：「你會知道的。」

當靈體吃掉供品時會發生一些事。食物的外觀和顏色會發生變化。它的生命力看起來就像消失了一樣。例如，假設你為祖先準備了黑咖啡。你把咖啡放在他們的桌子上，進行祈禱，然後開始和他們交談。之後你告訴他們咖啡是為他們準備的，可以盡情享用。當你再回去的時候，可能會發現那杯黑咖啡看起來有所不同了，似乎有些褪色。這時你絕對能看出有什麼東西抓住了它。正是在那個時候，他們接受了供奉，享用了給予他們的食物。他們會讓你知道的。

當他們吃完食物後，先別扔進垃圾桶，而是應該把它放到附近的樹下或灌木叢中。不直接丟棄的原因是我們不想褻瀆給祖先的供品。

但是，服侍祖先不是一次性的。如果我們想有所進展，就要繼續做下去。就像鍛鍊肌肉一樣，鍛鍊愈多，肌肉就會變得愈大。服事祖先的工作也是一樣。與某些觀點不同的是，並非一年只能進行一次。你做得愈多，對祖先就愈敏感，你也就變得愈強大，你不僅能夠在你自己的智慧中行走，也能在先人的智慧中暢遊。

為祖先供奉食物應成為你和他們一起進行的慣例。他們每週至少需要進食一次，你可以為他們煮飯，煮好飯後和他們一起吃。不要在為他們準備的食物中放鹽，因為鹽會驅逐逝者。如果你有所了解的話，可以準備一些他們可能曾經喜歡的食物。你可能覺得這些事過於繁瑣，這是很正常的，這是魔法工作，它能被稱為靈性工作是有原因的，它並不是靈性休閒。你持續和祖先一起進行的交流，只會為你帶來成長和益處，所以當你在過程中感到麻煩時要記得這一點。

對於祖先來說，你是他們的生祠。他們存在於你的血液中。不管你是否承認，都有責任尊重這一點。與祖先的交流是持續終生的過程，它帶來的祝福比你能想像的還要多。它還帶有一種無與倫比的力量，會影響到你的一言一行、你的魔法與你此生的發展。正是祖先的力量使我們能夠參與今天所做的每一件事；正是祖先的力量使我們保持堅強，足以承受生命中的每一次風暴。當你與祖先建立牢固的關係後，你就會變得像一棵深深扎根的樹，能夠抵擋颶風的威力，在任何試圖將你根除或摧毀的情況下都能堅持下來。一旦你開始與祖先建立關係，你就能獲得那些你可能都不知道曾經存在過的智慧和知識，祖先能夠在你生活的各個方面幫助你。你的靈性工作將增長並變得更有力，物質生活亦會得到改善，當生活中的風暴來臨時，你就會擁有一個不會讓你崩潰且不可動搖的基礎。我再怎麼強調與祖先共同交流的重要性都不為過，況且你也會從與他們蓬勃發展的關係中獲得關鍵的力量。

在胡督魔法中，這種關係也被認為極度重要。主要原因之一，是因為你需要了解自己來自何處才能知道要去往何方。為什麼是這樣呢？當你了解了你的祖先，知道他們做過什麼、他們曾經是誰、他們是如何生活的，你就會得到一份指南，它有助於你進步，也有助於你繼續拓展你的工作。

你來自療癒師家族嗎？你出身於戰士家族嗎？你瞧，這些事很重要，因為這是存在於你血液中的天賦。當我提到你生活中存在祖先的智慧時，這就是我所指的內容。有時，缺乏對這些事物的了解，會讓這些天賦陷入某種停滯狀態。但並非總是如此，你會為你擁有但不自知的天賦而驚訝。祖先的靈性工作應該在我們的魔法操作中體現出來，而還有什麼方法比直接去找他們並獲得其靈性智慧更好的呢？祖先能夠也確實直接地與你交談，你肩負著聽到他們的聲音與回應呼喚的責任。他們為你開闢的道路是你靈性之路的一部分，而你必須繼續前行、繼續努力。這是通過與祖先交流並吸收其智慧而完成的。請記住，你正在經歷或即將經歷的問題，無論如何都是他們曾經克服過的。那麼你為什麼會不想要在你的寶庫中擁有那種智慧呢？它不僅能使事情變得更明晰，也意味著困難時刻能打敗你的可能性更小了。

如果你站在祖先的力量中，真的就相當於擁有一支軍隊，而且無論發生什麼，你永遠不會走上失敗的道路。轉瞬之間，祖先的力量就能改變情況，糾正錯誤。同樣，你的祖先也希望你繼續前進，因為你是他們在人世間的代表，他們會給你帶來工具，提供幫助，讓美好的事物來到你的生活中，並協助你讓一切變得更好。

— 4 —

植物的力量

在一個溫暖的夏日，小時候的我在住家外面的後院注視著正在進行的魔法。有一個客戶前來找祖父進行分離魔法。她處於一段不再想要的戀愛關係中，但她卻不想主動離開。她有些擔憂，覺得如果男友主動提出分手會更好。她擔心如果試圖離開他，他會傷害她。她帶來一些他的頭髮，還有一張裝有他精液的紙巾。祖父拿走了那些私人物品，做了兩個小袋子——一個給她不再想要的伴侶，一個給她自己。

這些袋子是在棉布上剪下兩個小方塊放在一起製成的。帶有精液的紙巾和那位客戶男朋友的頭髮放在其中一個棉布塊上，再放上一張寫有他全名的紙和分離粉（見177頁）。為客戶準備的布塊也非常相似。裡面有她的頭髮、寫有她全名的紙，以及她剪下來的腳趾甲。祖父把所有東西都放在布塊上，然後把布塊的四角包在一起再用繩線繫起來。繩線在布包上纏繞了七圈，並朝著遠處移動。朝遠去的方向繫繩線，讓布包閉合，意謂繩線在逐漸纏繞上布包頂端的同時，也在離你遠去。因此要從布包底部的繩線開始，從最靠近身體的一邊將繩線繫到頂部，再將其從布包頂部移開。之後繼續使用相同的方式來繫繩子，直到繫滿特定的次數為止。

包好之後，在布包上面打三個結，做成一個小袋子。朝遠去的方向繫繩線是為了將魔法送出去，以驅趕某人或某物。同樣的道理，對於想要吸引某事的魔法（比如吸引成功），繫繩線時就要將其朝向自己。繩線纏繞的次數代表一個循環的終結或完成，布包上打結的次數也是一樣。

我祖父準備袋子的時候，也在對它們禱告。一支點燃的蠟燭是為了照亮道路，引導魔法前往需要到達的地方。他做好袋子之後，客戶就離開了我們家。祖父則拿著袋子繼續他的工作。

我們走到屋外，直到靠近房子旁邊樹林的地方。很多靈性工作都在那裡的一個區域來進行。這個區域種了許多名為葛根的藤蔓。葛根生長速度很快，有時一天幾乎能長一英尺。你可能曾經在密林之中藤蔓覆蓋的地方見過葛根。我們走到一叢葛藤前，祖父開始對著袋子繼續祈禱和聲明，而我拿著一根點燃的蠟燭站在一旁。

那些祈禱和聲明是針對客戶與她男友的戀愛關係特定的。不管男友是否樂意，他們兩人都將分開。祖父結束祈禱和聲明之後，打開了一瓶威士忌，在每個袋子上都倒了一些。然後他將袋子分別展現給四個方向，將我們的魔法操作送向大地的四個角落。完成之後，他將一點威士忌倒在兩枝朝相反方向生長的藤蔓上。之後，他將一個袋子繫在其中一枝藤蔓的莖上，另一個袋子繫在相反方向的藤蔓上。將袋子綁上各自的莖之後，他對植物靈體繼續進行祈禱和聲明。和之前相同，這些聲明是關於與分離、離開、漸行漸遠和結束關係。

祈禱完成之後，我們就離開了，讓魔法自行完成。祈願已經發出，供品亦已奉上，植物的精靈收到了進行魔法工作的請求，並且屬於客戶和她男友的連結也已經以那樣的方式綁好，確保他們會分開。

一週以後，那位客戶聯繫了我的祖父，說她和伴侶經常吵架，他用各種各樣的方式罵她，對她很不好。備感壓力之下，她只想讓整件事情趕快結束。祖父向她解釋說，這樣的魔法並不光鮮，且由於它的性質，可能會帶來激烈緊張的情形。了解情況之後，她決定繼續堅持自己的立場，並且明白了魔法正在進行之中。

一個月後，客戶再次打電話給我祖父，說他們已經分手了。她的伴侶找到另一個他想共同生活的人，他就要搬出去了。這位客戶經歷了漫長且有些痛苦的歷程，但這一切已經結束。為此，她很高興。

魔法會以各種形式發生，她經歷了她需要經歷的事，雖然不一定是以她想要的方式。在這種情況下，就像兩個袋子分開一樣，這段關係和男人想要繼續的意願也這樣分開。袋子分開達到了使他改變心意的效果，並影響著他結束了這段關係。客戶的請求成功得到了回應——她也吸取教訓，未來在戀愛關係中會對另一方更加敏銳。

胡督魔法的原則之一，是每種植物和動物都有靈性。每一個靈體中都具有從事某種魔法操作的傾向。對胡督魔法有著重要影響的聖經（其實我們很多人都認為它是一本古老的咒語書）在創世紀1：29中說，「神說，看哪，我將遍地上一切結種子的菜蔬和一切樹上所結有核的果子，全賜給你們做食物」。

食物一詞在這裡有許多涵義。當然其中之一是進食或消耗，為我們帶來養分，使我們繼續運轉、繼續工作；而這個詞的另一個意思是燃料。這種燃料與火有關，因為可以點燃，但也帶有魔法或是使用火來操作魔法的隱含意義。

根據植物特徵的不同，不管是根、花還是葉，植物藥材都有許多不同的獨特用途。然而，每種植物都能推動一些事情發生。有些植物帶來療癒，有些植物帶來死亡。植物多種多樣，使用植物的方式也有無數種。當我們探索植物及其擁有的力量時，其中的真相就會變得顯而易見。就像任何生物一樣，每個植物都有自己的個性。有些會逐漸發熱，有些則較清淡和舒緩。當你將植物用在魔法中的時候，你必須了解它們的個性及其靈能。

例如，肉桂就有一些刺激效力。肉桂的靈能強壯而熾熱，只要嚐一嚐肉桂，你就會明白我的意思。當你在魔法中使用肉桂的時候，可以為你正在做的事增加熱度和效力。肉桂的辛辣帶有熱度，能夠把膚淺的愚蠢燒掉，清除一些阻礙，吸引財富，燃起內心的激情。這就是為什麼肉桂對愛情、慾望、財富，以及在某些情況下加強控制的魔法能如此有效。加強控制的魔法是一種更獨斷也更具侵略性的支配魔法。但肉桂的香氣也帶有些微甜味，可以喚起激情，帶來牽引效果，特別是在戀愛關係和財富方面。我所說的牽引，指的就是吸引效果。就像磁鐵吸引或牽引東西一樣，帶來吸引的魔法也是如此。

如果你想成為或自稱為魔法師，就必須與植物建立關係。我們魔法操作的很大一部分還有其力量都來自於與植物靈體的關係和連結，就像我們與祖先和其他靈體的關係一樣。

這點會讓許多人迷惑，因為他們並不理解人類可以與月桂葉建立關係的概念。重要的一點是你需要從與靈體建立關係而操作魔法的角度來看，因為這正是它的本質。植物的靈體與其他靈體並沒有任何區別，魔法必須以這種方式進行，才能使其成為達成結果的催化劑。

植物能完成很多事情，如果沒能正確使用的話，它們就會讓你頭痛。植物的力量能夠帶來愛、加強控制、吸引財富和運氣，也可以摧毀、詛咒和阻擋你認為擁有過的每一個機會。仔細想想植物能做的事有多少，就會明白它不僅令人敬畏，也令人恐懼。

你知道嗎？其實我可以取用少許物品，比如芸香、牛膝草和龍芽草，來清除所有阻礙你、阻擋你的成功之路，或者污染你靈性的東西。

＊能夠清除阻礙的淨化浴＊

有了這三種植物，加上一次沐浴和一個頭巾，就能夠清除你生活中的厄運和負面能量。如同牛身上的牛軛可以被取走一樣，壓在你身上的枷鎖會被消除，沉重的包袱隨之消失。注意：如果你對藥草過敏，則不建議用植物洗浴。

所需材料：

- 2支白色蠟燭，其中1支用於沐浴
- 1杯水
- 1個盤子
- 1把牛膝草
- 1把芸香
- 1把龍芽草
- 雪茄或香菸
- 蘭姆酒或威士忌
- 1個中等大小的鍋

- 足以裝滿鍋的水
- 少量花露水（Florida Water）
- 泡澡用的溫水
- 1塊白布或頭巾
- 睡覺時穿的白色或淺色衣服

首先，準備一支蠟燭和一杯水，然後取出這些植物放在盤中。點亮蠟燭，把蠟燭和各種植物（牛膝草、芸香和龍芽草）呈現給四個方向，把你的魔法發送到世界的四個角落。

結束後，你就可以開始對它們祈禱。對於這種魔法操作，我最喜歡的禱告之一是詩篇91：

1　住在至高者隱密處的，必住在全能者的蔭下。
2　我要論到耶和華說：祂是我的避難所，是我的山寨，是我的上帝，是我所倚靠的。
3　祂必救你脫離捕鳥人的網羅和毒害的瘟疫。
4　祂必用自己的翎毛遮蔽你；你要投靠在祂的翅膀底下；祂的誠實是大小的盾牌。
5　你必不怕黑夜的驚駭，或是白日飛的箭。

6 也不怕黑夜行的瘟疫，或是午間滅人的毒病。
7 雖有千人仆倒在你旁邊，萬人仆倒在你右邊，這災卻不得臨近你。
8 你惟親眼觀看，見惡人遭報。
9 耶和華是我的避難所；你已將至高者當你的居所。
10 禍患必不臨到你，災害也不挨近你的帳棚。
11 因祂要為你吩咐祂的使者，在你行的一切道路上保護你。
12 他們要用手托你，免得你的腳碰在石頭上。
13 你要踹在獅子和虺蛇的身上，踐踏少壯獅子和大蛇。
14 上帝說：因為他專心愛我，我就要搭救他；因為他知道我的名，我要把他安置在高處。
15 他若求告我，我就應允他；他在急難中，我要與他同在；我要搭救他，使他尊貴。
16 我要使他足享長壽，將我的救恩顯明給他。

第二篇可以用於禱告的是詩篇51。這是一篇關於悔過的詩篇，但我們為什麼要這樣做呢？原因就是，在我們的生活中，總有一些事情會導致負面能量的累積，或者對我們生活中各個方面的進步、接收祝福和取得榮耀起到反作用。

這首詩篇能夠帶來淨化和更新的效果，因此這篇也很重要。請用詩篇51對植物禱告：

1 上帝啊，求祢按祢的慈愛憐恤我！按祢豐盛的慈悲塗抹我的過犯！
2 求祢將我的罪孽洗除淨盡，並潔除我的罪！
3 因為，我知道我的過犯；我的罪常在我面前。
4 我向祢犯罪，惟獨得罪了祢；在祢眼前行了這惡，以致祢責備我的時候顯為公義，判斷我的時候顯為清正。
5 我是在罪孽裡生的，在我母親懷胎的時候就有了罪。
6 祢所喜愛的是內裡誠實；祢在我隱密處，必使我得智慧。
7 求祢用牛膝草潔淨我，我就乾淨；求祢洗滌我，我就比雪更白。
8 求祢使我得聽歡喜快樂的聲音，使祢所壓傷的骨頭可以踴躍。
9 求祢掩面不看我的罪，塗抹我一切的罪孽。
10 上帝啊，求祢為我造清潔的心，使我裡面重新有正直（或譯：堅定的靈）。
11 不要丟棄我，使我離開祢的面；不要從我收回祢的聖靈。

12 求祢使我仍得救恩之樂，賜我樂意的靈扶持我。
13 我就把祢的道指教有過犯的人，罪人必歸順祢。
14 上帝啊，祢是拯救我的上帝；求祢救我脫離流人血的罪！我的舌頭將會高聲歌唱祢的公義。
15 主啊，求祢使我嘴唇張開，我的口便傳揚讚美祢的話！
16 祢本不喜愛祭物，若喜愛，我就獻上；燔祭，祢也不喜悅。
17 上帝所要的祭就是憂傷的靈；上帝啊，憂傷痛悔的心，祢必不輕看。
18 求祢隨祢的美意善待錫安，建造耶路撒冷的城牆。
19 那時，祢必喜愛公義的祭和燔祭並全牲的燔祭；那時，人必將公牛獻在祢壇上。

祈禱時，你要把它們應用在自己身上。你是在請求植物淨化你、更新你並賜與你力量，不要只是簡單地讀出文字，而應該感受它們的存在與力量，了解這些儀式的用意。請繼續為正在進行的魔法感恩祈禱，感恩那些努力改變靈性世界並把結果反映在物質世界的植物，感恩讓你充滿能量、潔淨，且能在靈性的效力共振中神奇轉變！

祈禱完成後，供奉植物香菸和蘭姆酒或者威士忌。首先，點燃一支雪茄或香菸（雪茄對此特別有用）。接下來，將點燃的一端放進嘴裡，然後吹向植物。這樣的供品表示對完成魔法的植物支付酬勞，因此它們很重要。

接下來，拿起備好的鍋子，在裡面放入水，並把它放在爐子上加熱。隨著水的升溫，在其中加入幾滴花露水。花露水是自十九世紀以來一直存在的古龍水，現在已經成為魔法師設備中的必需品，不僅非常有利於靈性淨化，還能驅除阻礙和堵塞你的髒東西。點燃它的話，也能用作給祖先的供品。

在這個過程中，你需要繼續為你的淨化和更新做出聲明：

我將得到淨化，沒有什麼能夠阻擋我。

我的性靈得到了更新，我的道路暢通無阻。

這樣的聲明對你和魔法操作都有好處。水熱起來以後，將一把植物放進鍋中，讓它煮沸幾分鐘，大約五分鐘之後，關掉爐子。再去拿第二根白蠟燭，放在浴室的浴缸旁邊。

備好洗澡水，一定要用溫水。把鍋裡大約四分之三的草藥舀出來放回盤子裡並帶進浴室，放在蠟燭附近。把鍋拿到浴室裡，倒在浴缸中攪拌一下。完成以後，你就可以進入浴缸。

進入浴缸以後，就可以開始洗澡了，從頭頂向下洗——只能從上往下洗。洗澡時，你要繼續為你的淨化、更新與修復進行禱告和祈願。在浴缸裡待大約十到十五分鐘後，向下沖洗並且不斷做出聲明。

洗好澡之後，把水從浴缸裡排出。現在，有人會建議你用毛巾把自己擦乾，有人會建議你讓自己自然晾乾。我是支持自然晾乾一派的，因為這些植物的能量需要浸入你的皮膚中。你不能把它擦掉。晾乾幾分鐘後，你可以拿來毛巾在依然潮濕的地方輕拭。

完成之後，把盤子上的植物放在頭上。隨後再拿一塊白布（白色頭巾效果更好），把它包起來繫在頭上，這樣草藥便可留在那裡了。

接下來穿上白色或淺色的衣服，蓋著頭巾睡覺，第二天早上再洗澡洗頭。

這項工作需要連續進行三天，你不能中斷這個過程。如果你遺漏了一天，就得從頭開始。胡督魔法需要做完整套操作才能開始發揮作用，所以如果你想要採取正確的方式，就必須完成所有事情。

第三天完成後，觀察自己感覺如何，你會確切地了解到植物的效力有多強大。

胡督魔法會有效力的原因之一，就是因為魔法建立的關係。我對植物講話就像我對其他靈體講話一樣，我以同樣的方式尊重它們。當你了解到需要與植物精靈建立關係時，你的魔法才會有力量。這樣的關係是魔法的基礎，而力量來自於其中。力量不僅會讓你的魔法更有效力，還會改變你看待植物甚至自己生活的方式。

我所了解的與植物建立關係的方式，與我所了解的與祖先建立關係的方式相同。你拿來植物並對它們祈禱、表達感恩，用啟迪和有力量的話來激勵它們。你為它們帶來供品，比如香菸、蘭姆酒或威士忌、水、光，甚至錢幣；你也要準備好唱給它們的歌曲。在你持續為它們做這些事的時候，它們會回應你，並且能夠更加準備好、也更加願意執行接下來的魔法。要記住的是，向朋友求助永遠比向陌生人求助更容易。從簡單地與植物聊天開始。那麼選擇什麼植物呢？每個人住家附近都會有植物和藥草。看看你的櫥櫃，你肯定會在裡面找到些藥草。從中選擇三個。感受並觸摸它們，請求它們對你展示靈能，看看會發生什麼。不要告訴我說你只做了一次然後什麼都沒發生。這是一扇你必須要拜訪多次的門，這樣魔法才能開始。堅持、奉獻和信念都是這項魔法的一部分，如果你都不具備的話，它們就不會為你服務。

一段時間之後，你會看到那扇門開始打開，當它打開時，一個全新的世界會出現在你眼前。那是一個能向你展現原始力量，並在其中以你不了解的方式使用魔法的世界。植物的力量始終存在，但大多數時候，我們自己才是無法識別和感受它們的原因。你敲響那扇門的次數愈多，門就愈有可能打開，植物的原始力量就會成為你可以使用並為你服務的東西。植物中蘊藏著大地的力量、天空的力量和各種元素的力量。它們的本質既具有創造性也具有破壞性，因此你必須同時使用兩者才能保持平衡。

5

泥土的力量

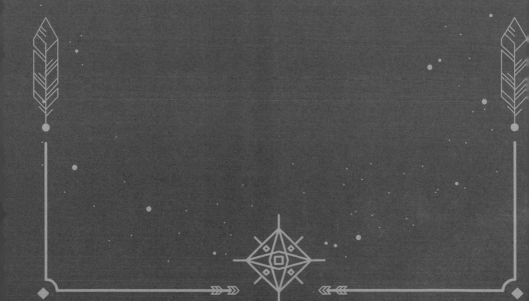

胡督魔法來自大地本身，是擁有巨大力量的傳統。大地不僅具有生命，還蘊藏著強大的靈能、祕密和魔法效力。想想看，大地的力量已經被使用了千百年，祂的泥土安住了我們祖先的身體。定跟大地，新的物影形貌生長時，同樣的泥土也創造了生命。房屋構建在大地的泥土之上，成為容納靈體的基礎，並且為各種儀式建立了有形的結構。大地的原神本身不僅能夠吸收力量，還能回饋力量。由於生命的輪迴是出生、生活、去世，然後再次出生，所以大地既能吸收也能散發靈性力量。

某一天，我和我的好朋友，同樣是胡督魔法師和作家的 Starr Casas 聊天。我們正在討論植物與大地的力量。正當我們在交談時，她突然講出了所謂的靈性表述。靈性表述是一種將能帶來神啟的神聖知識透過一種語境說出來的方式。她說，「大多數人不明白，植物和泥土的力量都來自於埋葬在大地深處的祖先。他們的血骨之力與大地交融，把成長在那裡的植物力量引出。植物是這麼活著，也將死而復生，循環不息。」

聽到這樣的觀點，我差點從椅子上摔下來。這個觀點絕對是真理，而這段話中的力量，只有靈體才能將其揭示。祖先的力量在他們（和我們）把力量回歸大地時也滋養了大地，靈體與大地的連結，意味著使用魔法時我們與這兩者都要建立關係。你不僅需要成功完成魔法，還需要以一種在生活的各個方面都有效的方式進行魔法操作。這樣的連結就存在於那裡，你只需要對它敞開心扉。正如祖先為泥土提供了力量一樣，我們也需要在魔法工作中使用泥土。

泥土的使用目的和使用方式多種多樣，你需要了解的是，每個既定區域的靈能都有所不同。在那塊特定的土地上建造了什麼？那個地方的用途是什麼？那裡發生了什麼？大地有吸收的能力，能夠吸收進那些靈能和精華。然後你就會擁有藏在這些泥土中的集中力量。

＊ 吸引財富和成功的符咒袋 ＊

讓我們用吸引成功的魔法來舉例：

所需材料：

- 2撮百里香——能夠在吸引成功的魔法中為你帶來財富
- 1撮肉桂——用來給魔法增加熱度，在激發熱情和吸引財富方面有效
- 1塊磁鐵——能夠將財富吸引過來
- 1片橘子皮——能夠在吸引成功的魔法中打開增加錢財的大門
- 1塊征服者高約翰的根——用於衝破阻礙，清除阻塞

- 3顆豇豆——為吸引成功的魔法帶來財務穩定（三代表一個循環的結束，並且致敬了聖三位一體）
- 1美元鈔票或其他紙幣——作為你吸引事物的關注點
- 1個盤子
- 1支蠟燭
- 1杯水
- 蘭姆酒或者威士忌
- 帶來煙霧的雪茄
- 1塊大約4到6英寸的綠色或金色法蘭絨或者棉布
- 18英寸的棉線——用來把手綁在一起，不要用剪刀或者刀片剪斷棉線，不然就會將魔法剪斷，請用燭火燃燒這段線來把它從線卷上取下來
- 1個小罐子
- 幾枚錢幣
- 幾滴蘭姆酒或者威士忌
- 幾滴精油（多香果油對吸引成功和財富很有效）

＊多香果油＊

- 大約半罐多香果
- 大約半罐橄欖油

＊多香果油使用說明＊

取等量的多香果和橄欖油放入梅森罐中。我比較喜歡使用梅森罐，因其密封性很好。接下來，把油加熱。有個加熱的好方法就是先在慢燉鍋裡加水，用小火加熱，然後再把裝滿的罐子放進去，用文火慢燉幾天。

完成後，把罐子取出，儲存在暗處。放置大約一個月，使橄欖油和多香果逐漸融合。

＊符咒袋使用說明＊

取少許植物放在盤子上。點亮蠟燭，為魔法照亮道路。在魔法工作的區域放一杯水。準備雪茄和蘭姆酒，為植物提供煙霧和酒精。如果你願意的話，也可以使用其他酒。我會使用蘭姆酒和威士忌是因為從小到大就是這麼被教導的，而且我總是能夠從這些供品中得到最好的魔法效果。

現在拿起裝有植物的盤子和其他配料，把它們呈現給四個方向。完成後，就開始對植物進行祈禱和聲明。禱文可以使用申命記28：1－13：

1 你若留意聽從耶和華——你上帝的話，謹守遵行祂的一切誡命，就是我今日所吩咐你的，祂必使你超乎天下萬民之上。

2 你若聽從耶和華——你上帝的話，這以下的福必追隨你，臨到你身上。

3 你在城裡必蒙福，在田間也必蒙福。

4 你身所生的，地所產的，牲畜所下的，以及牛犢、羊羔，都必蒙福。

5 你的筐子和你的摶麵盆都必蒙福。

6 你出也蒙福，入也蒙福。

7 仇敵起來攻擊你，耶和華必使他們在你面前被你殺敗；他們從一條路來攻擊你，必從七條路逃跑。

8 在你倉房裡，並你手所辦的一切事上，耶和華所命的福必臨到你。耶和華——你上帝也要在所給你的地上賜福與你。

9 你若謹守耶和華——你上帝的誡命，遵行祂的道，祂必照向你所起的誓立你作為自己
的聖民。
10 天下萬民見你歸在耶和華的名下，就要懼怕你。
11 你向耶和華烈祖起誓應許賜你的地上，祂必使你身所生的，牲畜所下的，地所產的，
都綽綽有餘。
12 耶和華必為你開天上的府庫，按時降雨在你的地上。在你手裡所辦的一切事上賜福與
你。你必借給許多國民，卻不致向他們借貸。
13 你若聽從耶和華——你上帝的誡命，就是我今日所吩咐你的，謹守遵行，不偏左右，
也不隨從事奉別神，耶和華就必使你作首不作尾，但居上不居下。

這是對帶來成功和吸引財富魔法很有用的禱告／聲明。能夠真正將禱告運用到生活中和魔法操作中是很重要的，你也可以做出屬於自己的聲明。這份屬於自己的聲明應該包括禱告、對於魔法完成方向的說明，以及對植物和祖先的啟迪還有使魔法意圖更為清晰的解釋。永遠不要忘記，祖先是我們一切的根基。例如：

我來到植物之靈面前，站在祖先建立的基礎之上。
我感恩祢們為我做過的一切，也感恩祢們將要做的一切。
我祈求植物之靈能夠前來幫我完成這份魔法工作。
我祈求這份帶來成功的魔法能夠為我吸引財富，帶來祝福和機遇。
祖先，請授予我讓魔法通過祈禱成為力量的能力，請給予我能夠面對所有事情，克服一切困難的力量。
為此，我向祢們表示敬意，並對祢們表示感激。
植物之靈，請祢們共同將力量賦予我的手，為我帶來財富和成功。
將力量賦予我的手，讓財富和成功在我所做的一切事情上和我所去的每個地方都伴隨著我。
我感謝祢們為這份魔法工作的付出，我為祢們所做的一切都表示敬意。阿們。

在這個過程中重要的是你要向進行魔法的植物提出祈願。

當你完成了禱告和祈願之後，從每種植物上都捏下大小適中的一部分，把它們放在一塊布的中央。在做這些的時候，也要與每種配料分別進行對話。比如，「肉桂，請成為這項魔法中的火，為我帶來成功。」、「百里香，請為我吸引財富，讓我的雙手有幸收到財富。」與植物對話並為之分配工作的過程很重要，除了能讓你和植物建立胡督魔法的工作關係，也能讓你更專注於需要完成的工作上。

完成這部分以後，把裝著所有配料的布包起來。把布塊的所有角都繫在一起，做成一個小袋子。

準備好繩子，把布袋包好之後，就可以把它繫起來了，從所有配料上方開始繫，這樣布袋就能繫緊，所有配料也都能擠在一起。把繩子朝自己的方向繫七次，如此可以把成功吸引過來。包好袋子後，在繩子上打三個結。要保證這些繩結都緊緊繫上，以免它們掉落或者鬆動。

完成這部分之後，就需要你去銀行一趟了。為什麼要去銀行呢？因為銀行是個專注於金錢的地方。那裡的主題就是金錢交易，況且，仔細想想，銀行就像是一塊吸引金錢的磁石。到達銀行之後，你可能需要像忍者一樣(不引人注意)，因為大多數人也許不懂你要做什麼。在銀行找一個可以挖小洞的地方。通常，銀行大樓周遭會有些草和泥土等等，你可以在那裡挖洞。挖好洞以後，在裡面放些錢幣，當作大地幫你完成魔法的酬勞。

把錢幣放進洞中，將布袋放在裡面，再把洞填好。袋子就會被埋起來。然後，繼續在那裡祈禱和聲明，完成這些就可以離開了。布袋此時就像在烤箱裡一樣，開始烹飪並且逐漸吸收金錢的汁液。

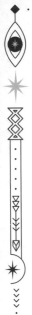

袋子埋好三天之後，你就可以去把它挖出來了。把它埋足三天的意義是讓它能吸收銀行的精華。被埋在能夠吸引金錢的土地中，就是為了使它完成同樣的魔法。由於泥土的力量中帶有金錢的精華和吸引金錢的能力，埋在那裡的符咒袋因而也吸收了這些力量。你瞧，這就是為什麼人們會聽到我（一次又一次地）說，僅僅是把植物扔進袋子裡是做不好符咒袋的。這是魔法工作，如果你想要獲得效果，必須付出努力。就是這麼簡單。

挖出符咒袋後，你可以在上面滴幾滴蘭姆酒或威士忌，還有多香果精油（見第71頁）。

至此，你擁有了一只帶有魔力的符咒袋，能夠以自己的方式吸引金錢並帶來成功。請隨身攜帶它，讓吸引力開始發揮作用！相信你一定會驚訝於符咒袋的神奇魔力。

那麼，在了解到泥土帶有力量和靈能，而且可以像植物一樣用在胡督魔法中之後，你也就懂了大地的效力。不同的地方擁有不同且獨特的力量和效用，以下列出了你可能會覺得有用的泥土效力清單：

- 銀行——吸引金錢、成功，涉及錢財的交易
- 賭場——運氣，但也可能使用於引誘或促使人上癮的魔法中
- 法院——涉及正義以及在刑事訴訟和民事訴訟中產生影響的魔法
- 郵局——溝通魔法

● 醫院——療癒魔法
● 大學——帶來機會和理解力的魔法
● 河流——吸引、移除和驅逐的魔法
● 大海——創造、淨化和生育魔法；沙子是海洋的泥土；即使嚴格來講它並不是泥土，但它是海洋的精華
● 墓地——與逝者相關的魔法，既有正面也有負面，復仇、保護、療癒以及靈體敏感性的魔法（這樣的魔法是為了讓人對靈體更敏感）；這種複雜的力量在墓地周邊和墓地之中是有所不同的

這些只是幾個例子。了解不同地方靈能的種類十分重要。泥土也能加進符咒袋、粉末、精油和其他魔法中，用來加強其力量。理解一個地方的原神，就是理解那個地方泥土的靈能本質。

大地的力量有許多不同方面，當你開始了解這些面向時，相當於構建起一個更加有力量的技能，其中還包含使胡督魔法更有效的要訣。當你庫存的彈藥充足時，就不用擔心會用完子彈。不過請記住，我們來自泥土，也最終回歸泥土，無論如何至少我們的身體都會回歸泥土。藥草魔法師總是用各種各樣的方式接觸泥土。與泥土的靈體建立關係會使你成為一名面面俱到的魔法師，不但可以讓你專注於胡督魔法，還會讓你了解前人的魔法操作和後輩持續的魔法工

作。換句話說，你愈使用魔法，愈能夠與祖先建立起關係並且理解植物的靈能，也愈能在胡督魔法中獲得平衡，受益良多。

話雖如此，但在我們的生活中，有時也需要療癒。因此我要教你一個簡單的療癒魔法，這項魔法能夠為自己、為所愛的人，也能夠為其他有需要的人做。

＊簡單的療癒魔法＊

所需材料：

- 蒐集泥土時要用到的錢幣
- 1支蠟燭用來照亮道路，外加7支白蠟燭——每天一支
- 1杯水
- 1個盤子
- 2撮來自醫院的泥土
- 2撮來自河流或海洋的泥土（沙子）
- 1撮牛膝草

- 1撮法國蠟菊
- 1撮車葉草（香車葉草又叫香豬殃殃）
- 1撮當歸根
- 1撮金盞花
- 1根雪茄用來生煙
- 蘭姆酒或威士忌
- 沒使用過的大頭針或細針
- 大約1湯匙橄欖油
- 1個碗（中號碗或大號碗）
- 需要療癒之人的照片

記住，蒐集泥土時，必須為它們支付酬勞，所以你要在取得泥土的地方留下錢幣。蒐集好泥土和其他植物之後，就可以把它們帶回你要進行魔法操作的地方了。

和操作其他魔法一樣，開始操作時要點起蠟燭，準備一杯水。準備好之後，把泥土和植物放在盤子裡。點燃雪茄並使用蘭姆酒或威士忌為供品，把準備好的物品展現給四個方向，之後就開始對著植物祈禱。

在你禱告和祈願時，一定要叫出需要療癒之人的名字。換句話說，就是在你的祈禱中說出這人的名字。當你祈禱時，要具體說明為誰禱告。我喜歡在療癒魔法中吟誦詩篇107：10—22：

10 那些坐在黑暗中、死蔭裡的人被困苦和鐵鍊捆鎖。
11 是因他們違背上帝的話語，藐視至高者的旨意。
12 所以，祂用勞苦治服他們的心；他們仆倒，無人扶助。
13 於是，他們在苦難中哀求耶和華；從他們的禍患中拯救他們。
14 祂從黑暗中和死蔭裡領他們出來，折斷他們的綁索。
15 但願人因耶和華的慈愛和祂向人所行的奇事都稱讚祂。
16 因為祂打破了銅門，砍斷了鐵閂。
17 愚妄人因自己的過犯和自己的罪孽便受苦楚。
18 他們心裡厭惡各樣的食物，就臨近死門。
19 於是，他們在苦難中哀求耶和華；祂從他們的禍患中拯救他們。

20 祂發命醫治他們，救他們脫離死亡。
21 但願人因耶和華的慈愛和祂向人所行的奇事都稱讚祂。
22 願他們以感謝為祭獻給祂，歡呼述說祂的作為！

重複這段詩篇三遍，這是對療癒魔法很有用的禱告和宣言。

做好禱告之後，奉上供品，拿起針或者大頭針，在一根蠟燭上刻上需要療癒之人的名字，刻字的同時代表他們做出禱告和聲明。如果需要，你也可以用釘子來刻字。這也是請求祖先幫助，為魔法帶來智慧的好時機。要記住，不要用刀在蠟燭上刻字，以免切掉或割斷魔法工作。

刻好名字之後，在蠟燭和刻的名字上抹一點橄欖油。橄欖油有利於平靜和穩定，還能作為燃料，讓蠟燭燒得更熱。療癒應該是舒緩的過程，這並沒有錯，但燒掉痛苦也是激烈的魔法。

現在，你可以把所有植物和泥土放進碗裡，用手把它們混合在一起，朗誦出關於療癒能力的聲明，並宣布為需要療癒的人解除痛苦的束縛。

把需要療癒者的照片也放進碗裡。它不需要在碗的最底部，但要用帶來療癒作用的混合物包裹它。

完成之後，把刻有名字的蠟燭插在碗裡，就像在地上放一根木樁一樣。

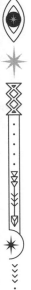

蠟燭放好之後，你就可以點燃它了。然後繼續為你的魔法禱告祈願，說出關於療癒和釋放的聲明。你也可以把魔法操作放在祖先的祭壇上，讓祖先為療癒提供額外幫助。

重複進行至少七天（代表一個循環的完結，在這種情況下就是療癒的循環），這就是需要七根蠟燭的原因。每天，雕刻、塗油，放好後再點燃一根新蠟燭，持續對魔法發出聲明、禱告和祈願，使療癒能量流向需要療癒的人。

這是利用泥土的力量來進行魔法操作，從而在靈性和物質方面為人帶來改變的另一個範例。胡督魔法就是關於泥土的神奇效力魔法，它尤其能讓魔法取得很好的效果。

6

胡督魔法中的平衡

有些魔法師常常聲稱自己的原則是所有魔法都應該是正面或「無害的」。

我們也會在各處聽到「黑魔法」和「白魔法」這樣的術語，好像是通過顏色來定義魔法，或者是以通常意義上的善或惡、正面或負面來定義魔法。善與惡這樣的詞語是相對而言的，在一種文化中符合道德或是被視為善的行為，進入另一種文化中可能有所不同。

我所受教的是：魔法和靈能操作是持續不斷的進程，它們無法用任何顏色或意圖來準確描述，而是一種能創造變化的力量。使用胡督魔法時需要注意的是保持平衡——而不是感知善惡。

例如，你正在家裡睡覺。然後突然間，你聽到另一個房間的玻璃碎裂聲音。你的家人在那個房間裡被不速之客闖進來的聲音吵醒。你腦海中唯一閃過的念頭會是，「這些人會對我和我的家人做什麼？」難道你會去向不速之客致以祝福嗎？難道你會走向他們說，「如果你願意，我所擁有的一切都是你的」嗎？我不明白你為何會能接受那樣的行為。也許，如果你運氣好的話，入侵者只會拿走你的部分財物，而不會傷害你和你的家人。當然，這可能是最沒事的狀況。我認為在威脅消除之前，大多數人都會採取必要措施保護自己和家人。在這種情況下，入侵者破門而入對你來說就是犯下罪行。只有以攻擊來回應才能停止對你的進一步行為並且消除威脅。

這樣的事若發生在我身上，他們進入我家後，我絕對不會讓他們逃跑。

同樣的道理也適用於魔法和靈性工作。當你受到攻擊時，就應當反擊，否則無法保持平衡，你最後可能會成為別人對你所做之魔法的受害者。在胡督魔法中，我們學習如何祝福、療癒、哄騙、詛咒，還有如何消除。對這些魔法操作的基本理解是它們都是必須的，因為當它們以正義、智慧和責任為目的使用時，能夠互相平衡。

這個原則能見於魔法中使用的植物。就拿玫瑰來舉例，它的花瓣是迷人的引誘物，在愛情魔法中經常會用到。玫瑰花瓣的靈能能夠讓使用者張開眼睛，看到自己的美麗。花瓣也能吸引那些尋找愛情的人來到使用魔法的人身邊。玫瑰花瓣可以用於符咒袋中、蠟燭魔法以及沐浴。

然而，另一方面，玫瑰也是帶刺的。那麼，為什麼如此美麗又充滿愛的事物也帶有造成傷害的一部分呢？這就是植物的平衡。花刺用來奪走愛、刺破愛又帶來不和。有人會說，花刺是用來保護花瓣吸引來的愛情。這確實是一種理論，但帶刺的一面有另一種靈能，並不是用於帶來保護的。花刺的靈能是用來撕裂，這樣的性質常常用於分手魔法，特別是戀愛關係中的分手。我想，我們都聽說過「愛會傷人」這樣的話。花刺就代表了愛具有傷害能力的那一面，因為這就是它的靈性本質所代表的。

因此，當我們談到在平衡中進行魔法時，就是在談論要看到事物的正反兩面。有時，我們可能需要走更少有人走的那條路，因為即使是在可能被詮釋為詛咒、破壞、詭計或是施法的過程中，也會有能帶來修復作用的新產物誕生。無論是創造新的起點，還是保護自己所愛的人，或者是摧毀一個人使之重新改造自己，這些原則都堅持採用必要措施來保持平衡。

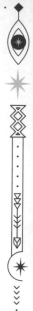

正如大自然既擁有創造也擁有毀滅的力量一樣，我們所做的魔法工作也是如此。那麼，我所說的是在鼓勵你只要四處施展詭計、撒下粉末和詛咒別人嗎？絕對不是。我要說的是每一種魔法操作，無論是正面還是負面，都必須保持平衡。為了達到這種平衡，你必須知道如何利用魔法的正反兩面。

我在成長過程中被教導，魔法師的責任就是維持平衡，並且和為他們帶來智慧的靈體保持關係，以及在必要時做出能帶來變化的魔法。

那麼我們如何維持事物的平衡以進行必要的魔法呢？當魔法師出生時，會有一種與生俱來的天賦，那就是能看到並考量全局的敏感性。這種天賦是通過與祖先和靈體建立關係並為它們服務來培養的。就像十字路口能讓靈性世界和物質世界匯合一樣，魔法師的天賦帶來能夠看到魔法、採用魔法和進行魔法的能力，這樣才能顧全大局，實現目標打開道路。與靈體有著牢固關係的魔法師，可以行走在靈性與物質世界的十字路口，使用有效、有力又能克服逆境的魔法進而達到創造與平衡。

曾經有一位客戶為了報復前任而找到我，她向我訴說前任對她做過的一切可怕事。她說他並不關注她，總把自己的朋友和工作看得比她更重要，他結束這段關係的原因是他認為兩人並沒有朝伴侶的方向繼續進展，並且他想要在這段時間把注意力放在自己身上。她還形容他控制慾極強，因為他從來不讓她做她想做的事。她堅持認為自己在這段關係中沒有被善待，所以想要他前進的道路受到堵塞，機會全部流失，未來的戀愛在開始之前就告吹。

在她對我描述這一切的時候，我只是聽著。我不只是在聽她講話，也在聽她說話時靈體為我帶來的聲音。當她不斷講述如何受委屈的時候，我聽到靈體告訴我，她的動機並不合理。我的靈體還說這個男人並沒有讓這位客戶受過這樣的委屈，也不應該受到她所要求的懲罰。它們告訴我，這位客戶不開心的真正原因，是她對他的控制並沒有成功達到她的預期，她感到委屈是因為失去了自己所認為的優勢，所以想讓他付出代價。它們也非常清楚，這項魔法不應該進行，因為施展後將沒辦法平衡。

所以我問這位客戶，她的前男友有沒有出軌，她說沒有。我又問她這位前男友是否曾經在身體或心理上虐待過她。她回答說雖然他從沒打過她，但確實有在心理上霸凌她。我問她如何發生，她說在她不斷提醒他以達到她的目的時，他會對她大喊大叫。她說他有時候會用侮辱性語言來稱呼她，並且說她很自私。我又問了幾個追根究柢的問題，想看看哪些問題可以證明她所要求的魔法是合理的。然而，她沒能給出合理的理由，我只好告訴她，我沒辦法幫助她。

毫無疑問，她非常生氣。我只能告訴她，根據她所描述的嚴重罪行，和我的靈體告訴我的訊息，這樣的魔法操作不能帶來平衡。我建議她繼續過她自己的生活，專注於自身，而不是專注在她這段失敗的關係上。但她不願意聽取這樣的忠告。她去找了願意接手這項工作的魔法師。那位魔法師收了她的錢，進行魔法操作，但對她前男友施加的魔法反作用在她身上，她丟了工作、出了車禍，並且開始和偷她東西的人約會。

這是一個典型的案例，很好地說明了當魔法操作不平衡時會發生什麼。天秤傾斜時，就會讓各種混亂進入你的生活，造成巨大破壞。如果她聽取了我和靈體的警告，就不會經歷那些事情。相反，她現在只能歷經艱難吸取教訓。你必須小心用魔法所關上或打開的道路，因為如果不能保持平衡的話，它就會打開招致混亂的大門。

這就是為什麼我們需要來自靈體和祖先智慧的原因。他們能幫助我們在魔法工作和生活中看清狀況，辨別如何操作。當你在辨別事物是否平衡的過程中遇到困難時，就去向你的祖先尋求幫助。他們的視野很可能比你更寬廣，他們的智慧對你的魔法操作來說是無價的。祖先能夠為你和你的魔法指明應該走的路。仔細傾聽他們的聲音，就能夠避免做出蠢事。

胡督魔法是一項艱苦的工作。胡督魔法在這個國家出現是為了克服壓迫，打開機會的大門，並向奴隸主反擊，祝福和容忍在此刻不能達到這樣的效果。這可能聽起來像是我在鼓勵大家要詭計，但並非如此。你必須使用魔法的正反兩面才能達到平衡。

同樣在胡督魔法中，有很多人試圖把胡督魔法塑造成他們想變成的樣子，或是使用他們的傳統來進行。可是如果你試圖去除植物的根部，會發生什麼呢？這株植物就會死掉。如果你想要移除某個傳統的根源，會發生什麼呢？傳統會失去它的效力，變得像枯萎的菜葉一樣。

胡督魔法不是威卡魔法，不是佛法，不是印度教，也不是撒旦教，胡督魔法有著自己的傳統和規則，當你試圖在傳統之外塑造另一個傳統時，你就會稀釋它的功效，最終你所做的就不再是胡督魔法。我並不是說其他的傳統就沒有價值。我想說的是胡督魔法不會屈從於使用魔法者的個人好惡而發生改變。

我們依然生活在充滿壓迫、欺騙、惡意、療癒，以及正面和負面機會都會發揮作用的時代。我們需要具備分辨什麼魔法操作才是必要的能力，尤其是在如今這個時代。由於我們的需要，胡督魔法才會存在並蓬勃發展，我們這樣的召喚魔法師依然可以發揮作用，就像魔法依然發揮作用一樣。

不要害怕錢幣的另一面，因為有些時候錢幣的另一面正是我們所需要的。同樣，魔法的正反兩面都需要智慧，不要總是下詭計或是詛咒。相反，你應該向祖先尋求幫助，聽從他們的意見，也要尋求靈體的建議，學會看到全局。這樣你可能會發現曾經存在於魔法工作中的壓抑感逐漸消失。

接受你的魔法工作，付出努力，以它為榮和保持平衡。

這是所有擁有智慧的魔法師的心法。

— 7 —

胡督魔法的正反兩面

胡督魔法的正面是祝福、療癒、開闢道路、帶來昌盛豐足等力量的魔法。胡督魔法過去和現在都是由生存和前進的渴望所驅動。

植物的能量和祖先的力量推動著魔法操作，為魔法打開大門，在變動中扎下根基並創造變化。當我們生病時，胡督魔法也能讓我們恢復健康。

我小時候生病時，常常會用幾包嗅靈鹽和煮過的月桂葉一起泡進浴缸。我必須在擦洗身體的同時祈禱療癒和淨化（通常是詩篇51和91）。雖然我一點都不喜歡泡進那樣的浴缸，但是你知道嗎？那確實有用！洗過之後我總是會覺得好很多，並且很快就能痊癒。從我記事起，胡督魔法中就會使用氨。它既能淨化心靈，也能清潔身體。氨水和月桂葉，加上禱告，再把疾病洗去，總是能開啟療癒之門。

胡督魔法需要親自動手，相當實用但非常耗神費勁。這樣的魔法不是你在需要時才做，應該要作為日常生活的一部分來進行。所以，這並不是你必須一次花好多時間來準備的事，而是文化和日常實踐的結合。總之這是一種在物質生活中與性靈保持連結，並在日復一日的生活中始終關注這兩方面的心態。

例如，每天我都會清掃房子——從房屋的後面開始，一直向前掃。在打掃時，要說出關於淨化和保護的禱告，也要向祖先祈願保護房屋免受邪惡能量的侵害，因此房屋不僅在物質界得到了清掃，靈性世界的污泥也得到了清除。

我們也會為祖先煮咖啡。為什麼？因為祖先喜愛咖啡。咖啡對他們來說不僅是一種供品，也會帶來淨化。我們把咖啡放在祖先的桌子上，做出祈禱，就能把咖啡帶給他們。當他們喝完咖啡後，我們會從前門把咖啡潑出去。有人可能會覺得這種作法有些奇怪，但這樣做的原因是為了淨化你家門前的台階。

將供品帶到十字路口是另外一件需要定期做的事，因為十字路口是魔法操作中非常重要的一部分。常見的作法是在十字路口丟下幾枚錢幣，這樣你的道路可以保持暢通，機會就能上門找到你。你會發現幾乎每個胡督魔法師的車裡都會準備大量錢幣。

從胡督魔法的正面來看，很好的一點是，在我們的生活中，不管是胡督魔法實踐或文化中，每天都會體驗到祝福，這些祝福帶來了許多不同層面的回報。不管你面前有什麼樣的困難，胡督魔法都會讓你擁有好運、潔淨，並且走在正確的道路上。

各種情況來來去去。當它們出現時，我們就通過魔法，也就是胡督魔法來做出回應。

幾年前，有一位客戶來向我尋求幫助，因為她受到了別人的魔法攻擊。她被攻擊到時不時會出現身體不適的地步。當症狀出現時，她會感到噁心，還有胃部和腰部疼痛，並感覺自己處於某種壓力之下。她去看醫生，想要知道哪裡出了問題，但是醫生進行檢查又做過一些測試之後，也無法找到原因。

我詢問她有沒有知道如何使用魔法的仇敵。她解釋說，有一位和她一起工作的女人，這個女人覬覦她這份職位很久了。她告訴我，她和這位女人關係並不好，大約四個月前，她們大吵了一架。最後那個女人告訴我的客戶，她會為自己的失禮而後悔。

我問這位客戶她們為什麼爭吵，她說這個女人常常更動她的文件，讓上面看起來好像是她造成了重大失誤，這樣她就會在老闆面前出醜。這位客戶說她覺得受夠了，於是和這個女人對質，這就是引發爭吵的原因。

這位客戶告訴我，她不相信這個女人了解如何使用魔法，但是她認為這個女人可能會雇用魔法師來攻擊她。我問她知不知道那個女人是否拿走她的什麼東西，比如與她有連結的東西——照片、頭髮或用過的餐具等等。她並不知道，但不管怎樣，她都在經歷無法用醫學解釋的痛苦，並且這種痛苦不會自行消失。

於是，我讀取了這位客戶的情況，看起來那個女人確實對我的客戶使用了魔法。讀取情況基本上就是進行占卜，以了解情況的本質或問題的性質。我所說的情況就是正在發生的某些事，這種情況通常會需要一些補救措施。對情況的解讀或占卜能夠顯示出事發原因，還有如何做才能改變它。在我看來，這位客戶面臨的情況就好像被釘在了那個女人的腳下，這樣她就可以奪走她的工作。

所以，我為這位客戶進行了淨化，並且做了逆轉魔法。逆轉魔法（有些人會認為是負面的魔法）是指將魔法送回原處的魔法。我所做的淨化就是為她準備了七天中需要洗的七次澡，洗澡時的魔法就是為了驅除身上被施加的東西。我告訴她，每天晚上洗完澡後，把一杯洗澡水放進瓶子裡，這樣做的原因是為了使用受污染的洗澡水（所有魔法都被洗掉的部分）來對付自己的敵人。

＊為逆轉魔法和分離魔法插好蠟燭＊

我所做的逆轉魔法還包括分離魔法。

所需材料：

- 1支普通蠟燭和1支紅蠟燭
- 1杯水
- 能夠浸沒一半紅色蠟燭的黑色蠟

- 1個鍋子
- 1撮硫磺
- 1撮阿魏（膠）
- 1撮纈草根
- 要施加分離魔法或逆轉魔法之人的照片

首先點燃第一支蠟燭，並向四個方向呈現，然後倒一杯水。接下來把黑蠟倒進鍋中隔水加熱，使之開始融化。融化蠟燭的時候，在其中加入植物。接著拿出照片，把它燒成灰燼，也加入黑蠟中。完成後，將紅色蠟燭浸入黑蠟中，製作成有兩種顏色的蠟燭。

蠟燭製作好之後，我讓客戶用它用力擦遍身體，禱告和祈求免受敵人的攻擊。她用蠟燭擦過身上疼痛的部位，擦在手上還有腿上和腳上。

完成後，我拿起蠟燭，對客戶的敵人進行逆反聲明——這樣就可以取消施加在客戶身上的魔法，並且把她們兩人分開，還能把所有施加在客戶身上的魔法都返還回原處。有時你只需要在某些魔法中蓋上「物歸原主」的印章就可以把它們送回去了。

我連續三天每天都為她點燃一小時的蠟燭，並對著蠟燭禱告和祈願，這樣施加在我客戶身上的魔法就能被取消，並送回給發起它的人。

還記得我說過讓我的客戶每天都取一杯洗澡水儲存在瓶子裡嗎？現在我要解釋這點。使用過的洗澡水帶有客戶被施加的魔法精華，洗浴的過程能夠去除魔法，這樣洗澡水就沾染了魔法。你可以把這樣的水帶去敵人家，倒在他們房屋的前門處。當他們踩到水時，你猜會發生什麼？他們就會沾染上自己對別人施加的魔法。

我的客戶就是這樣做的。魔法完成後，她洗了澡，然後把沾染魔法的洗澡水倒在那個女人的門前，事情就發生了改變。這位客戶不再覺得像是有人踩在她身上那樣痛苦難忍，那個女人則因為被解僱而與我的這位客戶分開了。顯然，她惡意製造文件錯誤的事暴露了，並且因為這件事被開除。此外，她也開始經歷我的客戶曾經感受的痛苦。這位客戶告訴我，那個女人描述的疼痛，和她因為被施加魔法而經歷過的疼痛幾乎一模一樣。這些魔法需要十天的時間才能顯化出來。這十天裡穩固而持續的魔法操作戰勝了敵人，為客戶帶來了淨化和療癒，並且帶來分離，從而結束了持續處於高壓的負面情況。

人們經常不理解胡督魔法的反面，它們包括尋求公正、使用詭計、復仇和克服各種形式的壓迫，卻常被誤解為邪惡、不道德，或者是完全錯誤的。但正如你從上文案例中看到的那樣，情況並非如此。僅僅因為它會讓一些人不舒服，並不意味著它不能占有一席之地。以天氣為例。晴空萬里的好天氣很棒，但風暴也有它的作用。風暴能夠攪動、推動一切。風暴還能為植物帶來水分，否則植物就會死掉。當我們在使用胡督魔法時，兩者都需要使用，因為兩者都存在才能保持平衡。

當然，胡督魔法的反面也有它自己隨之而來的責任。我並不是建議你去阻礙別人或是詛咒所有東西，而是必須保持平衡。如果魔法工作有需求，你就應該去做。就像我在第6章中提到的，如果有人闖入你家的例子，受到威脅時，魔法工作就需要阻止這種威脅。消除威脅以後，你可以重新回到之前的生活。

胡督魔法並不鼓勵容忍不反抗，業力理論或三倍報應法則並不是胡督魔法的一部分。胡督魔法講求保持事物的平衡，運用能夠反映出寬法世界的魔法操作來為物質世界創造改變。胡督魔法遵循十字路口的原則，在十字路口處，物質與靈性世界交叉並互相映射；在十字路口，兩個世界有互相顯化對方的能力。舉個簡單的例子就是準備好蠟燭開始為金錢祈禱，第二天你就會在地上撿到錢，在職場獲得加薪，或者收到一筆欠款。靈性世界的魔法操作完成之後會顯化在物質世界。

幾年前有個人來找我諮詢。這個人曾經是家暴的受害者。這位客戶受到父親身體和精神虐待，他一生大部分時間都在恐懼那個不斷指責他什麼都不是、一無是處、一生下來就應該被淹死的人。他每週都會挨打，他的臉被掌摑也會被飽以老拳。他被逼迫吃下噁心的食物，如果他不吃就會挨打。當他年齡足夠大的時候，就離開那個家，搬出去自己住了。但即使他離開了那個家，他的父親仍繼續騷擾和跟蹤他。雖然停止了對他身體上的凌虐，但精神和語言上的虐待依然存在，且影響很大。他很難保住自己的工作，睡眠也不好，而且他已經內化了這樣的虐待。他的自我評價很低，導致他真的認為自己一無是處。

我最初是在一家咖啡店認識他的。他排隊時站在我前面，我注意到他有點心神不寧而且臉上的表情很奇怪，好像天要塌了一樣。我只好詢問他狀況如何。他脫口而出自己沒事，只是有人在跟著他。這讓我覺得有點怪異，所以我就問他要不要和我一起喝杯咖啡，他同意了。

聽完了他不斷遭受的所有事情之後，我非常同情他。沒人能忍受他所經歷的那些事。他說他經常祈禱自己的處境能夠有所改變，但什麼也沒發生。他甚至告訴我，他現在什麼都不相信了，因為如果上帝真的存在，就不會讓他處於如此可怕的境地。

我告訴他有時生活中發生的事並不算好，但這不意味著生活無法修正。我也告訴他我是一位召喚魔法師，我能夠做些可以改變事物的靈性工作。他只是半信半疑，但我並不介意。我想做的只是幫助他，而他也承認自己需要幫助。這些不平衡的事物需要恢復平衡，尋求公正的魔法就是這種情況。

我去找了我的靈體和祖先，告訴他們這位客戶的情況，請求他們對他進行幫助和干預。我告訴他們，他的父親仍然用病態的方式跟蹤他，讓他的精神始終受到束縛，無法向前發展，而靈體說它們會幫忙。

我得到了他父親的名字，並想辦法從客戶那裡取得一些我需要的東西，包括他父親的地址，而這地址就在附近，我決定是時候對他進行詛咒並扭轉局勢了。我製作了一些詛咒粉末，然後用黑魔法油綑縛在一根黑色蠟燭上。

詛咒粉末是一種神奇的粉末，能關閉某個人的十字路口，它也能帶來厄運，為各種不太好的事情打開大門。黑魔法油會吸引熱愛製造痛苦和混亂的惡靈，這些靈體幾乎是寄生性質的，因為它們真的會把追捕的人當作食物。

於是，製作好詛咒粉末之後，我在凌晨四點左右把它帶到這位客戶的父親家。沒錯，在胡督魔法中，有時我們必須像忍者一樣在暗處活動。我把這些粉末放在他的前門處，也在車門把手上放了一些。你瞧，有了這些粉末，就能夠通過身體接觸來設置和啟動詛咒。例如，你可以在門把手上噴些髮膠，然後將粉末撒在上面，粉末就可以黏住。

把粉末放在門口之後，第二天晚上，我用黑魔法油綁定設置了一支蠟燭，然後把代表客戶父親的物品放在蠟燭裡。為了完成這一步，你需要將與此人有連結的事物（寫有名字的紙、頭髮、沒洗過的衣服等等）加入蠟燭裡。比如，你可以把一張照片燒成灰，塗抹進蠟燭裡。你也可以拿一些頭髮，用蠟燭的側面融化一些蠟，把頭髮放進去，然後用融化的蠟重新封上蠟燭。

在九天的時間裡，每天晚上都需要完成一小時的蠟燭魔法。大多數時候我們的魔法工作需要循環進行。由於黑魔法需要與邪惡的死者之靈結合，而數字九常常與死者有關，所以我們要做九天。第九天的魔法完成後，我把留在墓地裡的蠟埋在墓地正中央的十字路口處。

我聯絡了那位客戶，告訴他我已經完成了魔法，他的生活即將得到平靜。他告訴我他剛受到了騷擾，他的父親喝醉了打電話告訴他，「你註定要成為一坨屎」。我告訴他不要擔心，詛咒已布置好，很快就會生效。

大約一週半以後，這位客戶打電話給我，說他的父親被關進了監獄。我問他發生什麼事，他說他的父親在經常光顧的酒吧和人打架。顯然，他在酒吧裡用瓶子砸了別人的頭，然後就離開了。酒吧報警後，警察發現他正在開車回家的路上。警察讓他下車並逮捕了他。他們以嚴重毆打罪和酒駕控告了他。毫無疑問，他會在監獄裡待上很久，再也不能跟蹤或是虐待我的客戶了，這位客戶對此非常滿意。

後來我又在那家咖啡店見到他，我們聊了起來。他看起來如釋重負，精神也不再顯得垂頭喪氣。誠然，他還需要做許多事才能消除父親對他的負面影響，但他一定正走在療癒、淨化和振作起來的道路上。

胡督魔法的出現是為了克服壓迫，而這正是這位客戶所經歷的。在這種情況下，使用魔法的反面絕對有必要。情形有所失衡時，就需要重新恢復平衡。所以，看待胡督魔法時，如果你的角度不是關於善惡而是關於平衡，就會發現事情完全不同。胡督魔法的反面不需要迴避也並不可怕，它是胡督魔法發揮作用的一種方式。請記住，錢幣有正反兩面，兩面都必不可少。

當你明白了魔法是一種實踐，並且正反兩面的平衡對大局來說都是非常重要的原則時，你就能夠增加力量了。不僅是為你的魔法操作，也能為你的日常生活增加力量。事情並不總是美好，也並不總是動人，決定權在你手裡。然而，如果你打算使用胡督魔法，就必須銘記胡督魔法的根基是如何建立的。如果你不想讓房屋倒塌，就不要破壞它的基礎。

8

各種場所的靈能

胡督魔法的操作非常實用，但需要真正付出努力才能對狀況做出改變。胡督魔法不是宗教，而是與植物精靈、神靈和祖先有著緊密聯繫的魔法傳統。

另一個與胡督魔法有強烈連結的是各個地方的「靈能」。各地的靈能來自於它們所處的具體位置，各有著強大的效力。我們常常會聽說擁有力量的各種地方，比如十字路口或墓地，但是當真正談及這些不同場所時，需要了解的還有很多。在這個章節中，我會更詳細地介紹不同地方的靈能。就像在前文中，我提及過泥土的力量以及根據各地的建築和運作的事物，不同的地點會有不同的力量（見76頁），我接下來將詳細介紹擁有靈力的地點，以及什麼樣的魔法適合在那裡完成。這些都是物質世界中具有靈力與能量的地點。

場所的靈能其實意味著好幾件事。它可能意味著在那裡曾經完成過許多某種特定類型的魔法工作，因此隨著時間推移，與這種魔法工作的精神感通（Spiritual resonance）逐漸建立起來。它也可能意味著棲身於某些地點的靈體並不抗拒對胡督魔法師正在做的工作提供幫助。

例如，如果一個胡督魔法師或其他魔法師都去同一個地方進行療癒魔法，經過一段時間之後，那個地方就會變成為療癒魔法提供能量的地方。居住在那裡的靈體和那處的土地都會開始幫助這項魔法的完成。如果你有一個讓你完成所有魔法的祭壇，那麼與家裡的其他地方相比，你對那個祭壇的感覺會怎麼樣？當你走向祭壇的時候，是不是會有一種不同的感覺，讓你覺得魔法就要開始進行了？祭壇所在的地方是不是有一種魔法操作的靈能存在，和客廳那種令人精神放鬆的感覺完全不同？我敢說這是一定的，而這樣的原則最能描述與各處的靈能建立的魔法操作關係。

那麼，就讓我們了解下一些各種不同地方的靈能是如何吧！

＊十字路口＊

我喜歡十字路口和住在那裡的大多數靈體。十字路口是物質與靈性的交匯處，不論在物質層面或靈性層面上，都像它看起來那樣，是個靈體和有肉體的人都可以穿行的地方。它能打開機會的大門，也能夠關閉。十字路口的靈能總是用這種你必須做出某種選擇的方式呈現。

說到十字路口的魔法操作，其實有許多事情能在那裡完成，其靈能可能是給予機會或是奪走機會。十字路口可以用來為別人開啟某個大門，或者關上某扇門，讓他後悔自己當初傷害過某位魔法師或他的客戶。但是為原本不存在機會的地方創造出機會的福佑力量，才是這個力量強大的場所最有影響力的面向之一。

＊河流＊

河流的靈能也擁有給予或帶走的能力。河流是你可以消除壞魔法並進行強大淨化魔法的地方之一，比如靈魂更新魔法，或是帶走困擾生活許久的呆滯能量。河流本身就能夠帶來生氣。河水為它流經的地方提供養分，河流能夠運載貿易船隻到港口，使住在那裡的人們得以生活，並帶來成功繁榮。傳統上宗教洗禮是在河裡進行的，因為需要流動的冷水，這樣受洗人的性靈不僅會得到淨化，那些陳舊的部分也能夠被洗掉。我所說的河流，包括各種流動的淡水，比如小溪，因其也有著相似的靈能。

＊海洋＊

對我來說，海洋是這個世界上最神祕也最雄偉的地方之一，它有著強大的力量和效果，讓人難以忽視。海洋對創生魔法非常有效。海洋中的水深而寬廣，如同有著生育能力的子宮。海洋中也有很強大的療癒能量，就像河流一樣，海洋既能給予也能帶走。海洋的力量為漁民提供了魚獲，也帶來能夠摧毀整個城鎮的海嘯。

＊鐵路＊

鐵軌上的鐵、火車的力量、前人鋪設鐵路而灑落的汗水，造就出一個強大的地方，在這裡，保護、旅行和克服困難的毅力結合在一起。鐵路適合進行防禦魔法、強制魔法，以及獲得戰勝敵人和命運的力量。鐵路釘具有強力的保護作用，而且鐵路的靈力是你可以真正感受到正在散發出力量的靈能。

＊森林＊

森林裡有許多祕密。在那裡你能發現成長、生命、死亡、祝福，甚至詛咒。我會認為森林的靈能藏著許多奧祕，但它也是充滿大地力量的地方。在森林中，我既操作過祝福魔法也操作過詛咒魔法，既有淨化魔法也有豐盛魔法，還有分離魔法和吸引愛情的魔法。我喜歡進入森林中，因為就像大海一樣，你永遠不知道會在裡面發現什麼。

＊高山＊

山的靈能對我來說總有一種古老魔法的感覺。山非常堅強，即使是最可怕的風暴也能經受得住。在山上的時候，我總是能察覺到那裡的靈力有多古老。有趣的一點是，在某些地方你可以感受到靈能對魔法的渴望，然而在另一些地方，山根本不在乎你到底在做什麼。山是進行基礎魔法和關於力量與防禦魔法的好地方，它也擁有強大的保護靈能。山也是一個嚴肅認真的地方，你不會在那裡發現太多樂趣。

＊墓地＊

墓地是我們介紹的地方中極其有趣的。墓地的能量有很多面向，居住在那裡的靈體可能會因為墓地的不同而差異巨大。有些靈體昏昏欲睡，有些則非常清醒。一方面你可以去那裡進行非常可怕的詛咒魔法，另一方面，你也可以去那裡完成有逝者力量加持的強大祝福魔法。在你試圖開始任何靈性工作之前，墓地是對你建立起靈能操作關係非常重要的地方。墓地的能量可能非常不穩定，但它也會是你有幸工作過的場域中，最樸實無華也最有回報的地方之一。

＊紐奧良＊

各地的靈能在很大程度上也受到地理位置的影響，所以如果不提及我在紐奧良的家，就太說不過去了。

紐奧良有著很強的土地靈氣。這是一座真正建立在逝者之上的城市，那裡的靈體非常清醒並且能夠講話。在紐奧良，逝者無處不在，不僅僅存在於墓地裡。其實，人們還發現他們曾經被埋葬在法國區及其他地方。有個故事就是關於在壁壘街和勃良第街（在紐奧良我們念 Buh-gun-dee）發現的一堆棺材。後來人們發現，此處是個古老的墓地，隨著法國區擴張而被覆蓋。其實它比著名的聖路易一號公墓還古老。然而，這樣的事並不罕見。這裡到處都埋著骨頭和人。

因此，這裡有時也被稱為死亡之城。主要是因為墓地都建在地面上。這座城市建立在沼澤之上，讓逝者難以被埋在地下。關鍵在於你走在街上的時候，真的可以聽到靈體在說話。聽到周圍有靈體的腳步聲跟著你，或者看到它們正在注視你的情況並不少見。許多靈體聚在一起，共同創造出紐奧良這座城市的模樣，這裡的靈力非常濃烈。

關於土地靈氣也有不太好的一面。人們經常問我關於紐奧良的事情，並告訴我他們想要搬到這裡的心願。我告訴他們，這裡的物質與靈性世界有很大的自由空間，能夠激發出人的物慾屬性。例如，有些在這裡的靈體會助長誘惑，這些誘惑能讓你諸多潛在惡習顯露出來。如果你有毒癮、酗酒，或者性癮等傾向，有些靈體必定會試圖將它誘導出來。

你經常會聽說紐奧爾良是一個要麼歡迎你、要麼唾棄你的地方。這是關於這裡的靈能最真實的敘述之一。能夠置身於這座城市如此濃厚的靈能中需要力量和意志。你能夠在這裡施行強大的魔法嗎？是的，你可以。

你會被這個地方壓制住嗎？是的，有可能。

土地的靈氣是人們為了了解這個地方的潛力而需要探索出的東西。這樣的潛力是強大的工具，既能夠用於靈性操作，也能用於日常生活。然而，你必須花些時間了解每種靈能不同的優勢和劣勢。正是對這方面有了理解，你才能夠發掘自己的智慧，為自己或別人施行魔法。

9

墓地中的胡督魔法

我要用我最喜歡的一段聖經開始這一章節，因為墓地的操作原則與魔法師和靈體的關係相當密切。這一段出自以西結書37：1－14：

1 耶和華的靈降在我身上。耶和華藉祂的靈帶我出去，將我放在平原中；這平原遍滿骸骨。

2 祂使我從骸骨的四圍經過，誰知在平原的骸骨甚多，而且極其枯乾。

3 祂對我說：「人子啊，這些骸骨能復活嗎？」我說：「主耶和華啊，祢是知道的。」

4 祂又對我說：「祢向這些骸骨發預言說：『枯乾的骸骨啊，要聽耶和華的話。』」

5 主耶和華對這些骸骨如此說：「我必使氣息進入你們裡面，你們就要活了。」

6 「我必給你們加上筋，使你們長肉，又將皮遮蔽你們，使氣息進入你們裡面，你們就要活了；你們便知道我是耶和華。」

7 於是，我遵命說預言。正說預言的時候，不料，有響聲，有地震；骨與骨互相聯絡。

8 我觀看，見骸骨上有筋，也長了肉，又有皮遮蔽其上，只是還沒有氣息。

9 主對我說：「人子啊，你要發預言，向風發預言，說主耶和華如此說：『氣息啊，要從四方原文是風而來，吹在這些被殺的人身上，使他們活了。』」

10 於是我遵命說預言，氣息就進入骸骨，骸骨便活了，並且站起來，成為極大的軍隊。

11 主對我說：「人子啊，這些骸骨就是以色列全家。他們說：『我們的骨頭枯乾了，我們的指望失去了，我們滅絕淨盡了。』」

12 「所以你要發預言對他們說，主耶和華如此說：『我的民哪，我必開你們的墳墓，使你們從墳墓中出來，領你們進入以色列地。』」

13 「我的民哪，我開你們的墳墓，使你們從墳墓中出來，你們就知道我是耶和華。」

14 「我必將我的靈放在你們裡面，你們就要活了。我將你們安置在本地，你們就知道我——耶和華如此說，也如此成就了。」這是耶和華說的。

人們對墓地總有著不同的意見。有人說這是休息的地方，有人說這是使用魔法的地方，還有人說它是與逝者交融的地方。我碰巧同意以上所有觀點。

世界上有許多地方都擁有強大的力量，例如十字路口和河流，而墓地亦然。這裡是用祈禱和祝福來供奉的地方，如此逝者就能安息，靈魂得以休憩，如果他們願意的話。你瞧，逝者也在一直交談，但有時我們並不能聽到他們，可能因為一些阻礙，可能因為並未和那些靈體建立關係，也可能是各種其他原因。在這一章節中，我的目標就是向你示範如何有效地在墓地操作魔法，並體驗逝者的原始力量——或者更好的是，讓他們向你展現這一切。

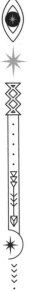

當你想要與靈體，特別是逝者的靈體進行魔法工作時，必須注意某些事情。你要知道並不是你走進一個墓地之後，裡面的靈體都會熱情積極地靠近你。逝者和有肉體的人一樣，也很善變，也會做出自己的選擇，例如它們想和誰進行魔法或者它們想要做什麼樣的魔法。

簡單來講，你必須從跑腿工作開始。這包括定期拜訪墓地，多多來訪讓他們看到你，並且和他們交談。那麼，讓我們從如何進出墓地開始吧！

＊進入和離開墓地＊

進入墓地就像是拜訪別人家一樣，你絕對不能空手去。為墓地入口送上供品是必要的。它就像是用一種友好的方式告訴守門人說你帶著禮物來了。供品可以是錢幣、糖果、威士忌、蘭姆酒、香菸還有雪茄。逝者很喜歡這些東西，比起你大搖大擺地空手來，這樣做它們就會更容易迎接你。

另外，去墓地的時候，你一定要遮住頭部。當你處於靈體聚集的地方時，必須做好保護。不是墓地中所有的靈體都會喜歡你，有些靈體可能會試圖依附在你身上，這樣它們就能跟著你回家。把頭部遮起來是很好的保護方式，隨後還要進行淨化，這樣就能讓你不需要的東西不靠近你。

在墓地門口奉上供品之後，你就可以進去了。有些魔法師會在進入和離開墓地的時候遮擋他們的臉，因為有些靈體可能已和其他魔法師建立緊密的工作關係，而你不會想要讓它們洩露出你的工作內容，對吧？有的人會在跨過墓地門檻時用手捂著臉，有的人會倒著走進去。當然，這一切都取決於你。然而，我可以告訴你的是，我從來不會露出我的臉直接走進墓地。很久之前我認識一位魔法師，她在走進墓地時會用手帕遮住臉。她並不想要冒任何風險！這主要適用於在墓地進行魔法操作，或者為與你一起操作的逝者提供祭品的時候。我的意思並不是說去參加葬禮時也需要做這些，但我想說的是，你不會想要你的魔法工作被另一個可能會干擾你進行操作的魔法師揭露出來。魔法師總會在他們工作的每個方面都保持謹慎和靈巧，在這裡也不例外。

離開墓地的時候，你需要遵循和進入墓地時類似的禮節。如果你在墓地進行魔法，在操作完成之後、你將要離開時，一般最好不要回頭看。這樣做有幾個原因。回頭看就可能象徵著你對魔法沒有信心、擔心或是對所完成的事情不確定。如果你要進行魔法工作，就需要對它有信心。並不是說做出回頭看這樣的動作，你就會展現出自己的不安，但是表面的跡象通常可以顯示出內在的感覺。還有另一個我之前講過的原因就是，墓地中有些靈體可能會和其他靈通魔法師有著工作關係。如果是這樣的話，它們去考查你完成的魔法時，很可能會報告給與之有連結的魔法師。我不了解你是怎麼想的，但如果是我的魔法操作，我不希望有任何人干涉，也不希望給我的魔法留下任何被破壞的機會。

離開墓地時，就不需要像進來時一樣留下供品了。如同你要離開別人家時不會送上禮物一樣。通常禮物會在到達時贈送，同樣的原則在這裡也適用。然而，就像你準備離開時要感謝主人的招待一樣，在墓地你也要表達一兩句對靈體的感激之情。對逝者的靈體要有禮貌，就像對待生活中的人一樣，這樣就能為更好的工作關係打開大門，它們也會更願意做被要求的事情。如果有人在需要我做某件事時是有禮貌又有家教的態度，我會更願意幫助他們。然而，如果他們失禮又粗鄙，他們就會得到相對應的回應（意味著我完全不會幫他們）。

＊與墓地的靈體建立魔法工作關係＊

如果你是靈通魔法師，你終究要與靈體建立關係。說來簡單，但很多人可能並不完全理解與靈體建立關係的概念。比如我們的祖先，亦即我們身邊最重要的靈體。我們的祖先是我們最大的盟友，他們擁有豐富的智慧，不僅能夠加強我們的魔法操作，還能帶來成長，使我們能夠繼續開拓他們曾經開拓的道路。與他們的關係始終是最重要的，但你也可以和其他在你的魔法效力與成長中佔有重要地位的靈體發展關係。

墓地中的靈體，就像我之前所說的，有正面的也有負面的，如同生活中的人一樣。有的可能會想要和你一起工作，有的可能不想。如果要開始這個過程，沒錯，這是一個過程，你要從詢問住在那裡的靈體開始。

去參觀一下墓地，看看你是否感到被什麼靈體所吸引。很多時候，有些靈體會注意到你，想要到你面前和你建立工作關係。它可能是個被遺忘的靈體，可能是沒有被自己家人供奉過的靈體，或者只是某個餓了的靈體。沒錯，即使是逝者也會感到飢餓。

像平時一樣帶上一些供品，在裡面四處走走。走動的時候，注意你周圍發生的事情。逝者總是在說話，但有時我們聽不到它們的聲音，所以傾聽、觀察和感受周邊發生了什麼，在此時很重要。當你感受到有人試圖告訴你一些事的時候，找出它是誰。看看墓碑，找出誰在那裡。這個時候，我就會做一些調查來了解這個人。也許你能找出它們曾經是誰、如何去世，以及生前過著什麼樣的生活，重要的是，你得相信你自己的直覺，如果你覺得舒適順當，心滿意足，那麼有可能建立的工作關係是一件好事。如果你感到恐懼、害怕或者怨恨，你可能就不應該打擾它們。不管怎麼樣，你都需要注意這些感受，因為你靈魂中的辨別能力會引領你走向正確的方向。

當你找到了新朋友之後，就可以和他坐在一起開始交談了。我聽過有些人會說，「就這樣而已嗎？」在開始的時候，沒錯，就這樣而已。就像結交新朋友一樣，你不會立即開始計畫一起去度假，你們需要互相了解並且建立連結。

另外，你也需要給他一些供品等，作為與之建立關係時，誠意與令人和悅的象徵。鮮花就很合適，酒和食物也可以。奉上這些供品有幾個作用，除了是對靈體尊重的體現，也能夠使過程保持平衡，表現出你並非只會不斷索求。供品也能為靈體帶來養分。就像我之前說過的，即使是逝者也需要吃飯。為他們帶來供品會讓他們更強大，也更願意和你一起工作。

你要定期去拜訪與你建立工作關係的靈體。堅持這樣做能夠加強你和靈體的連結，並且帶來與墓地中的盟友共同工作的機會。不要指望去一次墓地就能瞬間成為靈語者。這樣的工作需要花時間來發展，即使是已經建立起的關係也是如此。你應該至少每週一次去探望他並與之聊天。和他說話時，你可以請求他向你透露更多他的事，問問他想要什麼樣的供品。每個靈體都有自己的品味，所以知道他喜歡什麼就更好了。如果你能給他喜歡的東西，不但能讓他更開心，更願意和你相處，也能證實你確實聽到了靈體的聲音。

怎麼才能知道他喜歡什麼呢？同樣，詢問他。你可能會聽到或感受到他想要甜甜圈和伏特加或者類似的東西。那就去買你所聽見的物品，看看你是不是聽對了。如果他喜歡，你會知道的；如果他不喜歡，你也會知道。

隨著你和他在一起的時間愈來愈多，關係逐漸建立，你對靈體的敏感度也會增加。這是件重要的事，因為當我們對靈體敏感時，就能聽到另一種聲音，他不僅在我們的魔法操作中，也存在於我們的生活中，為我們帶來方向、確證和智慧。有更多的靈體在你身邊也沒有壞處！

如果你一直堅持與墓地的靈體相處，一段時間之後，就可以開始請求他和你一起進行魔法工作了。你要從簡單的事開始，比如保護魔法或是簡單的祝福魔法。隨著你和靈體的成長，魔法工作也會有所進展。如果你要學習開槍，大概不會從發射導彈開始。同樣的道理在這裡也適用。練習和建立關係需要時間，但能為你的魔法操作帶來效力，也會為你正在走的靈性之路帶來新的機會。

＊離開墓地後進行淨化的重要性＊

淨化是魔法操作中非常重要的一部分，我再怎麼強調都不為過——特別是當你在墓地施行魔法的時候。就像我之前說的那樣，不是墓地中所有靈體都是友好或者心地善良的。有些靈體住在那裡只是為了免費獲得一餐，他們可能非常狡猾或者善於騙人。這就是你在進入墓地前首先就要做好保護工作的主要原因之一。墓地中還有些靈體可能有附身能力，他們想要依附於你，吸收你的能量。這就是為什麼在你離開墓地時需要進行淨化的原因。你不會想要把任何日後可能會帶來問題的東西帶回家。如果你沒有定期進行靈性淨化的話，我能保證總有一天某些東西會跟你一起離開的。

你所去的地方、拜訪的人、看到的事物和感受到的東西，都有著它們自己的作用，應該要保持謹慎，在所有事物上都做好淨化工作只會幫助你改善生活，並且在蠢事開始前就阻止它們發生。墓地也不例外，事實上，墓地是充滿變化的，是你必須堅持這些原則的地方之一。

當你在墓地時，特別是在其他魔法師也會進行魔法的墓地時，必須記住，其他人的魔法操作也會波及到你身上。雖然可能並不是為你而做，但是因為其他魔法師的技能，或者說是缺乏技能，它們絕對會對你產生影響。例如，如果你踩在別人完成的魔法操作上，該魔法就會附著在你身上，讓你需要對付更多事情。

我認識一個不久前走進紐奧良這裡一處墓地的魔法師。這個人要去墓地為一位客戶進行魔法工作。具體來說，他要去拜託逝者讓某個人從客戶的生活中離去。在墓地的時候，其中一塊墓碑旁躺著一個布娃娃。他沒看到，不小心踩到了。他告訴我這個布娃娃看起來已經在那裡躺了有一段時間，它頭上釘了幾個釘子，身上釘著已經有些褪色的祈願。他看不清祈願到底寫了什麼，但他把布娃娃放回了原處，以免打擾到它。

他完成自己需要做的魔法，然後離開墓地，第二天卻出現莫名其妙的病症。他開始偏頭痛，並沒來由地嘔吐。他不知道發生了什麼事，於是打電話給我，告訴我這件事。我問他離開墓地之後有沒有洗淨化澡。首先，因為他是在墓地進行魔法操作。第二，他干擾了（無意中，但仍然是干擾了）別人的魔法操作，而且天知道那是什麼魔法。他告訴我，自己從墓地離開後還沒淨化，現在感覺像是有人踢他肚子，還有人用錘子砸他的頭。

我去了他家，為他進行淨化沐浴，做了一些祈禱，然後把他的頭包起來。第二天，疼痛消失了，就好像什麼都沒發生過一樣。你瞧，當你在進行魔法操作時，不但必須非常注意你的周邊環境，還要確保你完成了善後工作。如果他當時就做了淨化，那麼別人的魔法就不會作用在他身上。

＊離開墓地後的快速淨化＊

當你離開墓地時，就應該為淨化過程做好準備。這樣在你回家開始淨化沐浴之前，墓地的魔法便無法接近你。當你去過受污染的地方，也有可能受到污染，所以把它洗掉非常重要。

所需材料：

● 鹽——一種有力的淨化用品，可以送走逝者

● 花露水——另一種非常好的淨化用品

你只需要取一些鹽放在手心，然後把花露水倒在手中的鹽上，將兩種原料揉搓在一起，抹在額頭、頸後、胸口和手腳上。這樣可以在你到家完成更強大的淨化魔法之前，為你做表層的淨化。只需要在你的車裡準備一點鹽和花露水，然後離開墓地後就迅速使用，就這麼簡單。你也可以用這些原料來進行沐浴。

在你離開墓地時，就應該準備好這些原料，開始淨化過程了。淨化時，一定要從頭部向下清洗，讓不需要的壞運氣都離開你。把混合好的材料放在魔法和靈體可能附著在你身上的地方，即可瞬間解決問題：

● 你的頭部——充滿知識的部位

● 你的脖子——靈魂的入口

- 你的心口——感受的部位
- 你的雙手——完成魔法的部位
- 你的雙腳——讓你能夠走上自己道路的部位

此外，我認為淨化不應該在墓地完成。有些人可能不同意這點，這也沒關係，但如果我不講清楚這一點和這樣做的原因，就是我的失職。

作為一名魔法師，我絕對不會帶別人進入墓地進行淨化魔法。當你用魔法為別人淨化時，就像給他們一個全新且柔軟的皮膚一樣。陳舊的東西會被撕下，壞運氣被去除，他們就此煥然一新。

那麼，如果你是個寄生蟲，你看到一個脆弱並且容易依附的人，你會上前去嗎？他們就像還沒有發育出免疫系統的嬰兒一樣，需要悉心照顧。

同樣的道理在這裡也適用。如果你在墓地為他人進行淨化魔法，居住在那裡的寄生靈體很容易附在剛得到淨化的人身上，對他們造成惡劣影響。雖然它們只是有可能這樣做，但為什麼要在不必要的時候冒這個險呢？我曾經親眼見到在墓地的淨化魔法起了反作用。一部分原因可能是做這件事的魔法師技術不佳或是缺乏智慧，但同時，墓地並不是一個能夠進行淨化魔法的場所。我講到這點的原因是有人曾聯絡過我，他在墓地進行淨化的結果不太好。

這個人聯絡了一位魔法師，請求進行靈性淨化。那位魔法師帶他去一個墓地，對他做了淨化魔法。結束之後，這位客戶只得到了為靈體留下供品的建議。他沒有得到任何術式後指示，也沒有人告訴他接下來應該做什麼，他什麼都不知道。因此，淨化魔法完成之後，一切就沒有那麼順利了。在一週之內，他丟了工作、被分手、遭遇車禍，還因為虛假指控被逮捕。我不知道你對這樣的事會怎麼想，但如果如此重要又強大的淨化魔法完成之後，卻直接發生了這麼多蠢事，我一定會懷疑到底發生了什麼事。

在這樣的魔法工作中，我們不會要花招也不會撒謊。我們認真對待所做的事，也有責任照料那些向我們尋求幫助的人。那名魔法師完全沒有智慧，為他所負責的客戶帶來了混亂。靈性工作並不是開玩笑，永遠不應該隨心所欲、任意妄為。我個人認為，他把客戶帶入墓地，是為了讓客戶覺得他看起來毛骨悚然或是強大有力，但是最終卻讓他的客戶付出了代價。說到底，你肩負著完成工作的責任，且也有責任把它完成好，而其他意外的後果都是不能接受的。

＊離開墓地後的淨化沐浴＊

離開墓地之後進行非常有效的淨化沐浴時，需要用到兩大撮鹽，三大撮牛膝草，三大撮芸香和花露水。

＊作為力量之地的墓地＊

墓地蘊藏著既積極又負面、既善良又憤怒、既能鼓舞人心又會撕碎信念的力量。在我看來，它的反覆無常正使它成為了現存最強大的地方之一。在墓地中，存在著逝者的靈魂，它們有不同的目的和興趣。墓地中有些靈體願意與人合作摧毀敵人，還有些靈體願意提供幫助，為魔法師帶來保護。

就連這裡的大地本身也充滿不同類型的力量。從被謀殺者的墳墓到終生保護別人者的墳墓，這些精華都變成了這個地方的一部分。學會駕馭這個強大的地方需要時間，即使對於有經驗的魔法師來說也很棘手，然而，我們只是完成應該做的事，繼續將魔法進行下去。

關於逝者和墓地的有趣之處就在於那裡有大量的智慧。逝者的靈魂擁有自己生前的智慧、自己離開肉身後獲得的智慧，以及它們與其他逝者的靈魂打交道時所獲得的智慧。

當我們在墓地進行魔法操作時，必須記住，這是可以獲得新知識、建立新關係的地方，磨練我們作為魔法師的技能是絕對能夠在此顯化的。墓地的力量能夠造就你，也能摧毀你。事情總是有正反兩面，墓地的能量展現了這兩種品質。

墓地的能量來自於住在那裡的靈體——那些已經逝去而長居於該處的靈魂。所有聚集在此的靈魂和它們的經歷結合在一起，創造出一種靈性的力量，這種力量有著自己的規則和個性。站在墓地的中央時，若你能夠感覺到這些靈體的眼睛正在回頭看你，這時你就該開始留心這個地方，並且關注在此居住的靈魂。

就我本人而言，我發現墓地是進行魔法最有力量的地方之一。墓地和十字路口中有著我所認為的靈性通道，利用它們來做很多魔法工作，可以取得很好的效果。這並不是說其他地方就沒有效力，這種想法非常可笑。我個人的觀點是，我傾向於接近逝者，我也一直希望能聽到它們提供最新智慧。而站在墓地中，就像感受到了靈體的心跳一樣。

* 在墓地中製作帶來成功的符咒袋 *

成功是我們每個人不管怎樣都在為之奮鬥的東西。我們喜歡在財務上不斷獲得福佑，獲得負擔開支的能力，還要滿足我們的需求。那麼這裡有一項你可以在墓地使用的魔法，來幫助你顯化這件事。

所需材料：

- 幾撮橙皮——用於吸引成功和財富
- 7顆米豆——用於吸引幸運和打開道路
- 1小塊薑根——讓魔法加速並且被你吸引而來
- 幾枚銀幣和幾枚用作供品的錢幣
- 你慣用手的食指指甲——用來吸引財富，並將符咒袋附著於你
- 1個小布袋
- 1個小鑵子
- 蘭姆酒或者威士忌

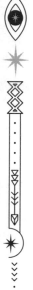

在你開始進行魔法之前，你應該和墓地中的銀行家或者商人建立關係。開始與逝者建立關係時，有幾件事需要先完成。首先，你應當經常去拜訪墓地。如果逝者經常看到你，它們往往

更容易敞開心扉。接下來，你需要找到一位銀行家或者商人並與之聊天。在這項魔法中，交流和傾聽非常重要。這樣有助於建立融洽的關係。另外，一定要帶上供品——比如錢幣、食物、飲品等等物品。與靈體建立魔法工作關係需要你付出時間和精力。付出的努力愈多，靈體就會愈願意和你合作。建立這樣的關係之後，你就可以在魔法操作中請求它們幫助了。

獲得靈體的同意之後，你就可以開始剩下的工作。首先從為植物帶來光和水還有供品開始，同時也要對它們祈求和禱告。

完成後，將植物、銀幣還有剪下來的指甲一起放進袋子裡。把裝滿的袋子帶到墓地去，帶給同意幫助你的靈體。你要在它們的墳墓上挖一個小洞。挖洞時，倒入一點蘭姆酒或者威士忌，然後放入供品錢幣。把它們都放進洞中以後，就可以把袋子作為符咒袋放入其中了。接著為成功祈求和禱告，並且請求住在那裡的靈體協助你的魔法，為魔法增加效力。

接下來你要把符咒袋埋在洞裡，再倒入一點蘭姆酒或者威士忌。

你需要把符咒袋留在那裡七天，七天之後再回來把它挖出來。當你把符咒袋挖出來的時候，要再次放上供品，感謝魔法完成和靈體的幫助。

完成之後，把符咒袋放在你的口袋裡，吸引成功來到你身邊。你做出了一只符咒袋，並且把逝者的力量注入其中——也就是說，這是這位還在世時曾取得成功者的力量。這增加了符咒袋的力量，因為這樣的力量能夠為你提供額外的平台，吸引你想要的一切向你而來。如果你慣用右手，則把它放在左邊口袋裡，慣用左手的話則相反。因為我所學到的就是，你不常用的那隻手能夠吸引魔法前來，而你常用的那隻手能將魔法送出。

＊在墓地進行對抗敵人的魔法＊

我已經花了許多時間，講述關於在墓地進行魔法的一個面向，所以如果我不將另一個面向都告訴你的話，就是我的失職。畢竟所有事情都關於平衡。

在這項魔法操作中，你需要為你的敵人製作一個布娃娃。布娃娃是有力的魔法形式，既能夠產生積極正面的效果，也能運用於負面的魔法。我要說的不是做個布娃娃然後把針插在上面就好；那是關於另一件事的魔法。我要告訴你的是這個布娃娃在所有與某種人打交道的魔法中都特別有用。

所需材料：

- 1杯水
- 1根黑蠟燭

- 少許松蘿鳳梨又稱空氣鳳梨——用來製作娃娃，也適合要詭計、捆縛等等
- 幾根樹枝（非必需）——形成娃娃的骨架
- 敵人的私人物品（照片、頭髮或指甲等等）
- 噴霧黏膠或髮膠——黏上硫磺粉用
- 少許硫磺粉——用來吸引惡靈
- 少許幾內亞胡椒——用來加熱魔法操作
- 少許黑布——用來包裹娃娃
- 少許聖水——用來連結娃娃和敵人
- 頭部遮擋物
- 少許錢幣
- 蘭姆酒或者威士忌
- 少許麻線

所有東西都準備好以後，倒一杯水並點燃一根黑色的蠟燭。這項魔法應該在白天向黑夜過渡時完成。當你和逝者一起進行魔法操作時，最好的時間是在太陽落山後。並不是說白天就不

能完成魔法操作，但夜晚能夠帶來更有效的墓地魔法，因為靈體在那時更活躍。

現在你可以用松蘿鳳梨來製作娃娃的身體了。製作的同時，你要說出關於敵人的壞話——詛咒他們、說出他們的名字，以及其他任何你想說的東西。

製作好娃娃的身體之後，把敵人的私人物品放在娃娃的身體裡。

完成後，你可以在娃娃身上噴灑一些黏性物品，比如髮膠之類的東西。噴上娃娃的全身之後，在上面撒上硫磺粉。你應該在噴灑物依然潮濕的時候撒硫磺粉，這樣它就可以黏在娃娃上，粉末才不會撒得到處都是。

你還要把幾內亞胡椒放在娃娃的身體裡——放一些在娃娃的頭部、一些在心臟部位就可以了。噴霧黏膠或髮膠會把它們固定到位。如果你擔心這些幾內亞胡椒會掉出來，也可以加一點膠水。

完成之後，用黑布把娃娃包起來。把黑布包裹在雙臂、雙腿還有身體上，直到你的敵人穿好衣服。如果你願意的話，也可以為你的娃娃做一張臉。這是一個選項。必須這樣做嗎？也不一定。然而有些人喜歡為他們的娃娃貼上一張臉，讓它長得像自己打算施法的對象。

當你的敵人穿好衣服之後，就需要用到聖水。用聖水以敵人的名義為娃娃洗禮。把聖水灑在它頭上，然後說：「我奉聖父、聖子和聖靈的名給你施洗，（你敵人的名字）。」這就進一步建立了敵人和娃娃的連結，能夠增加魔法的作用。要做這些步驟的話，是否必須是基督徒？不是的。洗禮的作法是為了帶來改變。這裡的改變是把人的一部分本質通過用水洗禮的方式放入另一個物體中，因為水是靈性的管道。

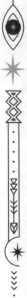

等到太陽完全下山後，就是時候去墓地了。像我們之前說過的一樣，你需要帶些錢幣、蘭姆酒和威士忌作為供品，並且確認蓋好自己的頭部，來保護你自己。此外，你還需要帶上一些麻線。

到了墓地門口，奉上錢幣作為進入墓地的供品。進入墓地之後，在裡面找一棵樹。如果可能的話，這棵樹最好有一些低垂的樹枝並且比較隱蔽。找到那樣的樹之後，就可以奉上供品了。在樹根處扔下錢幣，倒一些蘭姆酒或者威士忌。

現在，拿出那個代表敵人的娃娃，叫出敵人的名字，對著它祈禱和聲明。你要對著那個娃娃祈禱三遍詩篇35：

1 耶和華啊，與我相爭的，求祢與他們相爭！與我相戰的，求祢與他們相戰！

2 拿大小的盾牌，起來幫助我。

3 抽出槍來，擋住那追趕我的；求祢對我的靈魂說：我是拯救祢的。

4 願那尋索我命的，蒙羞受辱！願那謀害我的，退後羞愧！
5 願他們像風前的糠，有耶和華的使者趕逐他們。
6 願他們的道路又暗又滑，有耶和華的使者追趕他們。
7 因他們無故地為我暗設網羅，無故地挖坑，要害我的性命。
8 願災禍忽然臨到他身上！願他暗設的網纏住自己！願他落在其中遭災禍！
9 我的心必靠耶和華快樂，靠祂的救恩高興。
10 我的骨頭都要說：「耶和華啊，誰能像祢救護困苦人脫離那比他強壯的，救護困苦窮乏之人脫離那搶奪他的？」
11 凶惡的見證人起來，盤問我所不知道的事。
12 他們向我以惡報善，使我的靈魂孤苦。
13 至於我，當他們有病的時候，我便穿麻衣，禁食，刻苦己心；我所求的都歸到自己的懷中。
14 我這樣行，好像他是我的朋友，我的弟兄；我屈身悲哀，如同人為母親哀痛。
15 我在患難中，他們卻歡喜，大家聚集。我所不認識的那些下流人聚集攻擊我；他們不住地把我撕裂。

16 他們如同席上好嬉笑的狂妄人向我咬牙。
17 主啊，祢看著不理要到幾時呢？求祢救我的靈魂脫離他們的殘害！救我的生命，脫離少壯獅子！
18 我在大會中要稱謝祢，在眾民中要讚美祢。
19 求祢不容那無理與我為仇的向我誇耀！不容那無故恨我的向我擠眼！
20 因為他們不說和平話，倒想出詭詐的言語害地上的安靜人。
21 他們大大張口攻擊我，說：「啊哈，啊哈，我們的眼已經看見了！」
22 耶和華啊，祢已經看見了，求祢不要閉口！主啊，求祢不要遠離我！
23 我的上帝我的主啊，求祢奮興醒起，判清我的事，伸明我的冤！
24 耶和華——我的上帝啊，求祢按祢的公義判斷我，不容他們向我誇耀！
25 不容他們心裡說：「啊哈，遂我們的心願了！」不容他們說：「我們已經把他吞了！」
26 願那喜歡我遭難的一同抱愧蒙羞！願那向我妄自尊大的披慚愧，蒙羞辱！
27 願那喜悅我冤屈得伸的歡呼；願他們常說：「當尊耶和華為大！耶和華喜悅祂的僕人平安。」
28 我的舌頭要終日論說祢的公義，時常讚美祢。

結束祈禱和聲明之後，拿出麻線，把娃娃的一隻腳綁起來。然後把娃娃倒掛在樹的一根樹枝上。完成之後，你要通告墓地的靈體，有一餐飯正在等它們來吃。你所指的那餐飯就是這個娃娃。那麼，為什麼要把娃娃倒掛起來呢？嗯，就讓我來告訴你。風來來去去的時候，會把娃娃吹來吹去，左右搖擺，這樣就會讓你的敵人迷失心智。再加上你所投入的魔法，便能夠為你的敵人帶來失敗和災難，這樣的手法可不是開玩笑的。

我還要說的是，如果你想做這樣的魔法，不要僅僅因為別人在馬路上堵到你，或是其他類似的愚蠢原因就去做。我們的魔法必須始終保持平衡和合理，所以請一定保證你要以負責任的方式進行魔法操作，而不是一時興起。

墓地內蘊藏著巨大的力量，所以無論你要做的是什麼，都請敬仰尊重。

— 10 —

運用魔法的正反兩面

胡督魔法最重要的兩件事：魔法和靈體。如果你想要使用胡督魔法並且讓它發揮效果，那麼魔法操作中最重要的事，莫過於能夠帶來神奇變化的魔法操作，以及與靈體的關係、與祖先的關係，還有與植物精靈的關係。胡督魔法被稱為靈性工作是有原因的，它並不是靈性休閒。然而，我要說的是，當你完全接納了胡督魔法的操作方式、文化和胡督魔法的道路之後，你肯定會變得既謙遜又權威，即使在最惡劣的逆境中也不會落後。

那麼，我接下來要做的就是列出一份魔法操作清單並且解釋如何施行，這樣你的個人技能就會多出一些好東西，它們不僅能帶來祝福，還能在你需要時為你擊敗敵人。準備好了嗎？

讓我們從淨化魔法開始。淨化絕對是你能做的最重要的事。不僅是在胡督魔法中，任何事都是這樣。你必須乾淨地進行魔法操作，在結束之後也必須對自己進行淨化。每一次都是這樣，以後也是這樣。如果你進行魔法操作時不夠潔淨，你的魔法很可能就會被玷污。沾染在你身上的東西也可能會沾染上你的魔法。人們常常奇怪為什麼他們進行魔法操作時常常適得其反或是失去效力，很有可能他們在開始操作前不夠潔淨。你瞧，如果有東西沾染了你，不管你願意不願意，它們都可能影響到你的魔法。這就像用髒盤子來裝食物一樣，想必你知道任何黏在盤子上的東西都會與放在上面的新鮮食物混合在一起。

當你在外四處走動，去到不同地方，遇到不同人的時候，他們自己的性靈影響也會影響到你。你有沒有發現，和一大群人在一起的時候，你可能會在離開時感到筋疲力盡？你可能有憤怒、憂鬱、開心和各種其他混合的複雜情緒，這是因為其他人內在的精神混亂附著在你身上，而這樣就更加有理由讓你堅持定期完成淨化魔法了。

＊簡單的淨化（維護）魔法＊

所需材料：

- 1支蠟燭
- 1杯水
- 1瓶花露水——對淨化很有效
- 幾撮乳香粉或10至15滴乳香精油——清除空間的邪惡能量，使祝福降臨
- 足夠裝滿一瓶的聖水——帶來祝福，驅除邪惡，淨化阻礙你的靈性污穢

「那麼，聖水從哪裡來呢？」你可能會這麼問。我通常是去我這裡的天主教堂——聖路易大教堂取聖水。我只需要走進教堂，走向那口存放聖水的秋葵濃湯鍋（總之它看起來很像秋葵

湯）。我把供品放在他們那裡的小盒子裡，然後開始灌滿我的罐子。你看，我把我的聖水裝在義麵醬罐子裡。教堂裡的人看到我把罐子拿去裝滿時，總會很好笑地盯著我。但事情就是這樣，包裝並不重要，只要你擁有它就足夠。召喚魔法師是一群非常實際的人，我們充分利用身邊的一切。

如果你不想去教堂取聖水，或是你無法去教堂，也有很多其他的靈性用品商店、祕術備品鋪子等等都會有聖水。

與所有魔法操作一樣，開始時要點燃蠟燭，準備好一杯水，然後在開始前向四個方向呈現每樣用品。拿出一瓶花露水，倒出一點，這樣你就有空間放其他材料了。如果你願意，也可以把它倒進耐熱容器中再燒掉，作為給祖先的供品。我是會這樣做的。

接下來，把乳香放入瓶中。完成後，用聖水裝滿瓶子的餘下部分。通常做到這一步時，花露水會變成乳白色。之後，把它搖勻，你就可以對著它祈禱了。

這些祈禱是為了讓邪惡遠離你，為了讓你每次使用它時都能得到淨化，為了帶來保護，為了讓平和與你同在。詩篇中最適合這部分的是詩篇51（見61頁）和詩篇108。你應該從詩篇51開始，對瓶子祈禱三次。完成之後，再對瓶子祈禱三次詩篇108。詩篇108適合帶來保護和戰勝敵人的力量，每天都應陪伴在你身邊。詩篇108如下：

1 上帝啊，我心堅定；我口要唱詩歌頌！
2 琴瑟啊，你們當醒起！我自己要極早醒起！
3 耶和華啊，我要在萬民中稱謝祢，在列邦中歌頌祢！
4 因為，祢的慈愛大過諸天；祢的誠實達到穹蒼。
5 上帝啊，願祢崇高過於諸天！願祢的榮耀高過全地！
6 求祢應允我們，用右手拯救我們，好叫祢所親愛的人得救。
7 上帝已經指著祂的聖潔說（或譯：應許我）：「我要歡樂；我要分開示劍，丈量疏割谷。
8 基列是我的；瑪拿西是我的；以法蓮是護衛我頭的；猶大是我的杖。
9 摩押是我的沐浴盆；我要向以東拋鞋；我必因勝非利士呼喊。」
10 誰能領我進堅固城？誰能引我到以東地？
11 上帝啊，祢不是丟棄了我們嗎？上帝啊，祢不和我們的軍兵同去嗎？
12 求祢幫助我們攻擊敵人，因為人的幫助是枉然的。
13 我們倚靠上帝才得施展大能，因為踐踏我們敵人的就是祂。

每個禱詞都祈禱三遍以後，再向祖先禱告——祈求他們幫助淨化、與你同行、保護你，給你的每一天都帶來祝福。

瓶子做好以後，你就可以開始使用它了。像第9章（第122頁）提到過的一樣，你可以把它塗抹在額頭、後頸、心口、雙手和雙腳上。

塗抹在頭上是因為腦袋承載著你的靈魂，你的頭腦中也可能存有靈性污泥，所以必須使用它得到清潔和保護。

後脖頸是對靈能較為敏感的區域。這樣既有好處也有壞處。後頸也是承擔重擔的地方，就像你扛著扁擔一樣。這是你身體上最重要的地方之一，也需要定期淨化。

你的心臟是身體得以運作的地方，它承載著情緒的重擔、思想和精神的壓力，也是你真正身分的中心點。你的心不僅在你的魔法操作中，也在你的成長歷程中佔據著重要地位。

你的雙手與你共事。它們既能被用來創造，也能被用來摧毀。手也是靈能能夠穿過你並且為物質與靈性世界帶來改變的地方。正是有了雙手，我們才能完成帶來神奇變化的魔法。

你的腳能夠帶你前行，它們把你從一處帶到另一處，在現實意義和比喻中都是最基本的交通工具。你穿行過靈性世界，也行走在物質世界。有了你的雙腳，你才能繼續向前走。

保持這些部位的潔淨非常重要。它們愈乾淨，就愈容易完成所有你需要做的事情，你也就愈容易接受為你準備的祝福。

如果你堅持每天都像這樣淨化自己，所有事情都會變得更順利，你也不會覺得自己在泥濘中行走。這樣的淨化能夠帶來機會，讓你專注在推動你前進且有助於成長的事情上。

＊用來淨化房屋的地板清理魔法＊

你的家就是你的庇護所，也應該是承載你魔法最有力的地方之一。如果你的家沒辦法吸引你正在進行的魔法、你想要接受的祝福或能為你帶來成功的靈體，可能就需要做出一些改變。如果你居住的空間不是你魔法工作的反映，那麼你怎麼能抓住那些朝你而來的祝福呢？

我在這裡想說的是，如果你的房子不乾淨，很可能會影響到你的魔法，特別是你為自己所做的魔法。因此，我們接下來會介紹一種地板清潔方法，你不但可以用它來清理物質與靈性世界的房屋，也可以用它來吸引祝福。

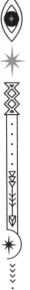

就像我之前說的，胡督魔法需要親自動手並且非常實際。我們一直關注著十字路口，讓物質與靈性世界的鏡子互相反映。換句話說，雖然你能看到我在刷洗地板，但並不意味著我只需要刷洗地板就好。相信我，清洗地板的時候，在物質世界對地板的清潔只是正在發生的一部分。我正在運行祝福，吸引靈體前來，同時也在清除我房中的靈性淤泥。

所需材料：

- 1支點燃的蠟燭
- 1杯水
- 2杯松樹皮或1把松針（如果找不到實品，也可以用松樹精油〔1至1.5盎司〕——用來對物質與靈性世界進行有效的淨化
- 半杯玉竹根（葳蕤）——用於指揮並引領其他植物
- 半杯當歸根——用於保護和淨化
- 1杯或1杯半的萊姆汁——用於淨化，打破之前所做的魔法，並且驅除負面能量
- 中等大小的鍋
- ¾壺河水，需來自正在向遠處流走的河流——用於去除蠢事和已經積聚起來玷污你房子的東西
- 4至5湯匙鎂鹽（瀉鹽）——用於淨化

● 幾杯高濃度蘭姆酒——用來防腐並作為供品

● 花露水（非必需）

● 1支新的拖把

首先，你要做的就是點燃蠟燭，拿一杯水，準備好植物，把它們向四個方向展現，然後開始對它們禱告和祈願。你的祈願應該關於淨化和保護你的房屋。你應該對植物祈願，請它們清除積聚的靈性污泥、負面能量、冷漠，和任何揮之不去的東西。此處適合使用的禱告是詩篇29。這是為勝利與和平祈願的詩篇。這裡的勝利就代表你的房屋得到淨化，並且充滿了平和的能量。

1 上帝的眾子啊，你們要將榮耀、能力歸給耶和華，歸給耶和華！

2 要將耶和華的名所當得的榮耀歸給祂，以聖潔的妝飾敬拜耶和華。

3 耶和華的聲音發在水上；榮耀的上帝打雷，耶和華打雷在大水之上。

4 耶和華的聲音大有能力；耶和華的聲音滿有威嚴。

5 耶和華的聲音震破香柏樹；耶和華震碎利巴嫩的香柏樹。

6 祂也使之跳躍如牛犢，使利巴嫩和西連跳躍如野牛犢。

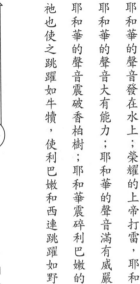

7 耶和華的聲音使火焰分岔。

8 耶和華的聲音震動曠野；耶和華震動加低斯的曠野。

9 耶和華的聲音驚動母鹿落胎，樹木也脫落淨光。凡在祂殿中的，都稱說祂的榮耀。

10 洪水泛濫之時，耶和華坐為王；耶和華坐為王，直到永遠。

11 耶和華必賜力量給祂的百姓；耶和華必賜平安的福給祂的百姓。

這段禱告非常適合這段魔法，因為有時候，我們即使是在自己家裡，也不得不對抗那些偷偷溜進來的蠢事。重複三遍禱詞就完成了一個循環。有些人祈禱三次是為了聖三位一體。不管是怎樣，你都要在魔法開始、過程和結束時祈禱。

結束祈禱，獻上供品之後，把鍋拿出來放在爐子上，用河水裝滿鍋的四分之三，然後打開爐子。

接下來，把鎂鹽放在水中。鎂鹽除了非常適合淨化魔法之外，也可以用作防腐劑。做這一步時，我不想只做足夠用一次的量，我更想要做足一大批，下次需要淨化的時候就可以直接使用了。這樣是不是很有道理？

把蘭姆酒加入水中，水變熱以後，加入植物並繼續祈禱。你應該在攪動鍋子的同時禱告和祈願。在這時，你正在攪拌的是一個既能從物質層面又能從靈性層面淨化你房屋的鍋，所以請用心祈禱。煮大約十分鐘之後再關火。完成之後，如果你喜歡，也可以在裡面加一些花露水（這完全取決於你）。

把植物從鍋裡拿出來放在一個單獨的盤子裡。若鍋中有植物的殘留物也沒關係，你可以在裡面留下少許。把植物過濾出來以後，把洗液放入水壺或者罐子抑或其他容器中。

若要製作拖地水，可以取熱水放進水桶中，每加侖水大約加入三杯地板清潔液。為此，你需要一個新拖把，因為你不會想要舊拖把上的任何東西污染這些魔法。

準備好水和拖把以後，你就可以開始淨化房屋了，先從房子的後面開始，逐漸往前面移動。這樣做的原因是你要通過同一扇門推出那些溜進來的負面能量和靈性污泥。拖地的時候，要繼續禱告和祈願。你要聲明你的家正在得到淨化，沒有靈性污泥能留在你家。你瞧，祈願與拖地動作結合在一起就帶來了淨化效果。這不僅體現在你的行為中，也體現在你的魔法中。如果你家不止一層，請從頂層開始向下清潔。當你拖好地，淨化好房屋之後，將拖地水倒在前門處。如果有台階，就倒在台階上。拖地水是用來淨化的，讓屋外和屋內一樣乾淨。

現在，把盤子上過濾出來的植物拿出來帶到前門去，撒在房外。如果你有門墊，也可以在墊子下面放一些。其餘的植物可以放在台階上、門廊處或者前門外任何地方。當你完成這些操作之後，植物依然在發揮作用。把它們撒在前門，可以防止外面的靈性污泥進入。這樣進一步的作法能讓你的庇護所保持潔淨與平和。

＊帶來豐盛的魔法（魔法包）＊

百里香是我最喜歡的植物之一。百里香是一種有吸引作用的植物，能夠引來豐盛——尤其是金錢方面的豐盛。你可以把這項魔法放在錢包中，讓金錢源源不斷向你流來。

所需材料：

- 1支蠟燭
- 1杯水
- 1張1美元的鈔票
- 用來封住魔法包的膠水或蠟（滴一小勺）
- 幾撮百里香
- 少許綠色或者金色的線
- 1片橙皮

就像我之前解釋的一樣，你必須時常供奉植物。如果需要的話，可以參考第4章進行複習。等到供品都準備好之後，就可以開始祈求和禱告了。這時，你要祈求豐盛的到來，聲明錢包永遠不會空空如也，且能不斷吸引金錢到來。我做這些魔法時，也會祈禱三次詩篇118。這個詩篇非常適合吸引成功、勝利，以及承蒙上帝恩寵。

1 你們要稱謝耶和華，因祂本為善；祂的慈愛永遠長存！
2 願以色列說：「祂的慈愛永遠長存！」
3 願亞倫的家說：「祂的慈愛永遠長存！」
4 願敬畏耶和華的說：「祂的慈愛永遠長存！」
5 我在急難中求告耶和華，祂就應允我，把我安置在寬闊之地。
6 有耶和華幫助我，我必不懼怕，人能把我怎麼樣呢？
7 在那幫助我的人中，有耶和華幫助我，所以我要看見那恨我的人遭報。
8 投靠耶和華，強似倚賴人。
9 投靠耶和華，強似倚賴王子。
10 萬民圍繞我，我靠耶和華的名必剿滅他們。

11 他們環繞我，圍困我，我靠耶和華的名必剿滅他們。
12 他們如同蜂子圍繞我，好像燒荊棘的火，必被熄滅；我靠耶和華的名，必剿滅他們。
13 你推我，要叫我跌倒，但耶和華幫助了我。
14 耶和華是我的力量，是我的詩歌；祂也成了我的拯救。
15 在義人的帳棚裡，有歡呼拯救的聲音；耶和華的右手施展大能。
16 耶和華的右手高舉；耶和華的右手施展大能。
17 我必不致死，仍要存活，並要傳揚耶和華的作為。
18 耶和華雖嚴嚴地懲治我，卻未曾將我交於死亡。
19 給我敞開義門；我要進去稱謝耶和華！
20 這是耶和華的門；義人要進去！
21 我要稱謝祢，因為祢已經應允我，又成了我的拯救！
22 匠人所棄的石頭已成了房角的頭塊石頭。
23 這是耶和華所做的，在我們眼中看為希奇。
24 這是耶和華所定的日子，我們在其中要高興歡喜！
25 耶和華啊，求祢拯救！耶和華啊，求祢使我們亨通！

26 奉耶和華名來的是應當稱頌的！我們從耶和華的殿中為你們祝福！
27 耶和華是上帝；祂光照了我們。理當用繩索把祭牲拴住，牽到壇角那裡。
28 祢是我的上帝，我要稱謝祢！祢是我的上帝，我要尊崇祢！
29 你們要稱謝耶和華，因祂本為善；祂的慈愛永遠長存！

完成禱告後，拿起一美元的鈔票，將印有金字塔和眼睛的一面朝下放在工作檯面上。把百里香放在美元鈔票的頂部，在金字塔和眼睛背面的上方。

接下來，把美元鈔票的邊部折起來，包裹住百里香，製成一個小包。你可以用膠水或者蠟封上，按你喜歡的方法就好。

包好之後，用繩子把小包的四邊綁起來。綁的時候要把繩子朝自己纏繞，因為你要吸引成功向你而來。每一邊都包起來，讓它在金字塔和眼睛周圍形成一個方形。每一遍都綁好後，在繩子上打七個結。這七個結代表一個週期的完成，亦即是魔法的完成。

魔法包做好之後，就要給它奉上供品了——餵飽它，給它帶來香菸、蘭姆酒或者威士忌。朝它吹出煙霧，將蘭姆酒或者威士忌倒在上面。

接下來，要對你的魔法成果發表聲明——讓它不斷吸引豐盛和金錢。完成後，把它放入錢包裡，讓有金字塔和眼睛的那一面朝外。這樣，眼睛會為你吸引豐盛，並且和植物一起把錢帶進你的錢包。

＊開闢道路的魔法＊

開闢道路的魔法在胡督魔法中有很高的地位。十字路口能夠給我們帶來機會，為我們迎來祝福、幸運、豐盛，並真正打開我們的道路，但也能夠把這一切都關閉。十字路口確實是這個世界上最強大的地方之一。

所需材料：

- 寫下的請願書
- 小鏟子
- 少許錢幣，獻給靈體和大地用的（25美分、10美分、5美分、和1美分，每樣一枚就足夠了）
- 1支雪茄

- 火柴或者打火機
- 多於1小杯的蘭姆酒和威士忌
- 少許糖果

首先，你要在請願書上寫下禱告，表明你的道路會打開、機會增加、屬於你的祝福將毫不費力地到來，你的道路也會暢通無阻。你可以用任何喜歡的方式祈禱。請記住，你所做的魔法是要為你自己開闢道路，寫下祈願時一定要記住這一點。

請願書寫好之後，把所有材料都帶到十字路口。任何十字路口都可以，只要它的周邊有泥土，而且可以挖一個小洞。最適合做這項魔法的時刻是在太陽升起時的過渡時期。靈體到生靈的過渡，亦即黎明太陽逐漸升起的過渡，這項魔法也確實是從靈性層面開始，逐漸進入物質世界。

到達十字路口時，你要做的第一件事是往中間扔一些錢幣作為給靈體的祭品。之後，你可以挖一個小洞。挖好之後，把剩下的錢幣也放進去。記得，你也要向大地付酬勞。

當你為十字路口和大地付過酬勞之後，就拿出請願書，大聲祈禱你所寫下的祈願。你要用所有的內在力量來祈禱，你要知道你即將為自己的生命開闢道路。祈禱需要進行三遍。

完成之後，把請願書握在手裡。拿出雪茄，給你的請願書帶來煙霧，作為這項魔法的供品。

供奉上雪茄之後，把請願書放進你挖的洞裡。同時，也繼續為你的魔法進行聲明——不斷為自己道路的開闢、迎接祝福和前進的路上毫無阻礙地進行祈禱。

接下來，把蘭姆酒或者威士忌倒進洞裡，倒在請願書上，接著再把糖果放進去。糖果可以用來讓情況變得更愉快。把糖果放進洞中之後，你就可以把請願書燒掉了，然後把挖出來的土填回洞裡。洞填好之後，再次倒上蘭姆酒或者威士忌。完成以後，對魔法和即將發生的事表示感謝，然後你就可以離開了。我個人非常喜歡這項魔法，因為它絕對能夠帶來改變。

＊快速帶來好運的魔法＊

這項魔法能夠為你和你正在做的事帶來好運。快速帶來好運的魔法就像用磁鐵給你帶來好運和機會。誰會不需要一些運氣呢？

所需材料：

- 1支蠟燭用來照亮道路，外加14支每支可燃燒一小時的應急小蠟燭
- 1杯水——作為靈體的管道

- 5個小盤子或者碗（每個盤子分別用來裝一種原料）
- 3條肉桂棒——讓魔法加熱
- 3大匙楊梅根——為你帶來金錢
- 3大匙葛根粉——用來打開好運的大門
- 1塊征服者高約翰的根——用於衝破阻礙
- 1點楊梅油——帶來香味（非必需）
- 1塊磁鐵——吸引好運向你而來
- 少許蘭姆酒或威士忌
- 1根雪茄或香菸——用於帶來煙霧
- 1品脫大小的梅森罐
- 約1品脫橄欖油——來增加平和的靈能，並為魔法帶來靈性

要用油綁定好蠟燭，你還需要：

- 1張你自己的照片、頭髮或指甲

現在，我就要向你介紹如何製作快速好運油。如果使用得當，這樣的油能讓任何事都變得更好。許多人都在尋求提升運氣來改變境況，所以我為什麼不把這個教給你呢？如果我只能做一件事，那就是賦予你為生活帶來神奇改變的能力。畢竟，這是胡督魔法的根本之一。

在你的工作區域點上蠟燭，準備好一杯水之後，把所有的原料都放在一起。首先把每一種原料分別放在小盤子裡，因為現在還不是把它們融合在一起的時候。把它們都放進盤子之後，就可以開始奉上供品。

首先，將每種材料呈現給四個方向。接下來，把蘭姆酒和威士忌獻給植物，你可以把它吹在植物上，或者倒幾滴在上面。但是對於高約翰的根，你得把它浸泡在幾個裝滿酒的瓶蓋裡。酒能夠軟化植物，特別是緻密和堅硬的植物。

結束之後，你要向植物供奉煙霧。

結束供奉之後，就是時候對著它們祈禱了——祈禱好運常伴你身邊，祈求好運像磁鐵一樣不斷被吸引向你。詩篇4不但適合增長魔法、帶來機會的魔法，還能為你的魔法帶來內在保護。

1 顯我為義的上帝啊，我呼籲的時候，求祢應允我！我在困苦中，祢曾使我寬廣；現在求祢憐恤我，聽我的禱告！

2 你們這上流人哪，你們將我的尊榮變為羞辱要到幾時呢？你們喜愛虛妄，尋找虛假，要到幾時呢？（細拉）

3 你們要知道，耶和華已經分別虔誠人歸他自己；我求告耶和華，祂必聽我。

4 你們應當畏懼，不可犯罪；在床上的時候，要心裡思想，並要肅靜。（細拉）

5 當獻上公義的祭，又當倚靠耶和華。

6 有許多人說：誰能指示我們什麼好處？耶和華啊，求祢仰起臉來，光照我們。

7 祢使我心裡快樂，勝過那豐收五穀新酒的人。

8 我必安然躺下睡覺，因為獨有祢——耶和華使我安然居住。

你應該對你的魔法祈禱三遍這段詩篇。我再重申一遍，詩篇是非常有力量的禱告，不僅能夠增加你工作的效力，也能夠為顯化魔法打開大門。

完成祈禱之後，把植物放在工作檯或祭壇上待一天。要保證你的魔法操作是有光線照亮的，因為即使你的一天結束了，它也會繼續進行。

第二天，你要再次對著你的操作進行祈禱。然而，這次你要對每個植物分別祈禱。基本上而言，你是在給它們分配各自要完成的工作。

完成第二天的祈願之後，接下來的一天繼續為你的魔法操作留盞燈光。第三天時，要繼續祈禱。結束之後，把這些植物放在一起。拿來研磨用杵臼，把它們放在一起碾碎，只留下高約翰根不需碾碎。這個植物要保持完整，因為在你的角落需要有個完整的破壞球來掃除障礙。把它們碾碎的時候，要繼續發表聲明，表明好運正在向你而來，你像磁鐵一樣能快速吸引好運。

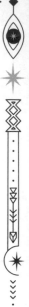

這部分完成之後，把材料都倒進罐子裡。植物先放進去，然後在上面倒足量的橄欖油裝滿罐子。你願意的話，也可以加點楊梅油來獲得香氣，你會發現它們和肉桂是很好的搭配。

裝滿罐子，放進所有的植物以後，把蓋子關上並搖動罐子，繼續對它進行祈禱。持續十四天，每天你都要搖晃罐子並且在罐子頂部點燃一支蠟燭。

十四天的週期結束之後，你就有了一大罐快速好運油，我認為它們有強大效力。如果你想讓它更有力的話，可以在製作完成之後把它帶到十字路口或者賭場，在那裡埋上三天。要記住，泥土帶著能量，你絕對可以使用它來增加自己工作的效力。

準備好油之後，你可以用它來綁定蠟燭，也可以把它用在身上。如果你想把它抹在身上，可以取幾滴油，慣用右手就把它滴在左手上，若平時常用左手就滴在右手上。

滴在一隻手上之後，再用另一隻手覆蓋上去，把手掌上的油抹在前臂，祈禱好運不斷被吸引到你身邊。你可以簡單祈禱就好。例如，當你把油抹在前臂上的時候，可以說：「好運正在向我而來，我像磁鐵一樣吸引好運，讓我今天也充滿好運和機會吧！」你不妨試試看好運油能為你帶來什麼！你要相信，這種油讓許多人都取得了巨大成功，也是我極其信賴的東西之一。

用油綁定蠟燭時也要使用同樣的方法。但你還需要做的另一件事就是把自己也加入蠟燭裡。一個簡單並且有效的方法是給自己拍一小張照片並燒成灰燼，把灰燼抹在蠟燭上，建立起和蠟燭的個人連結。如果你願意，也可以用自己的頭髮或者指甲來做蠟燭。唯一重要的是在快速吸引好運而點燃的蠟燭和你之間建立連結。做你該做的部分，然後等待魔法發生！

＊用鐵路釘來防衛你的家＊

就像我之前說的一樣，你的家就是你的庇護所。家是你能夠永遠覺得平靜、安全和舒適的地方，同時也應該是受到嚴密保護的地方。很多時候，你可能忙於其他事情而忘記保衛自己的家，可以說，這就給了壞運氣和惡魔潛入你家中的機會。以下是一個有助於防衛你的家，並且始終能帶來保護效力的魔法。

所需材料：

- 1支蠟燭
- 1杯水
- 4根鐵路釘——可以帶來強大堅定的靈體，就像保鑣一樣
- 1個耐熱碗、平底鍋，或者湯鍋，或是大到可以裝下鐵路釘的釜
- 少許花露水——用於淨化和保護，也用做供品
- 少許紅色麻線——給喜愛紅色的大天使麥可，祂可提供保護的助力
- 少許蘭姆酒或者威士忌，用在鐵路釘上

如果你住的是公寓，就還需要：

- 4個大到可以裝下鐵路釘的花盆
- 足夠裝滿花盆的泥土（至少有些泥土要來自你的住處）
- 能放入盆中的植物（非必需）

所有東西都準備好以後，把鐵路釘放在鍋裡。接下來，在上面倒上花露水。隨後，在鐵路釘上點火。你要確定是在可以生火的地方完成這項魔法，畢竟你不會想要造成任何意外事故！

鐵路釘燃燒起來之後，你就要開始對著它們祈禱了。有兩個你應該用得到的禱告，分別是詩篇91和大天使麥可禱文，各要祈禱三遍。如果你還不知道的話，其實詩篇91是我最喜歡的詩篇之一，它能夠帶來保護。以下是禱詞的內容，從詩篇91開始：

1 住在至高者隱密處的，必住在全能者的蔭下。
2 我要論到耶和華說：祂是我的避難所，是我的山寨，是我的上帝，是我所倚靠的。
3 祂必救你脫離捕鳥人的網羅和毒害的瘟疫。
4 祂必用自己的翎毛遮蔽你；你要投靠在祂的翅膀底下；祂的誠實是大小的盾牌。
5 你必不怕黑夜的驚駭，或是白日飛的箭。
6 也不怕黑夜行的瘟疫，或是午間滅人的毒病。
7 雖有千人仆倒在你旁邊，萬人仆倒在你右邊，這災卻不得臨近你。
8 你惟親眼觀看，見惡人遭報。
9 耶和華是我的避難所；你已將至高者當你的居所。
10 禍患必不臨到你，災害也不挨近你的帳棚。
11 因祂要為你吩咐他的使者，在你行的一切道路上保護你。

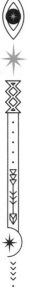

12 他們要用手托你，免得你的腳碰在石頭上。
13 你要踹在獅子和虺蛇的身上，踐踏少壯獅子和大蛇。
14 上帝說：「因為他專心愛我，我就要搭救他；因為他知道我的名，我要把他安置在高處。
15 他若求告我，我就應允他；他在急難中，我要與他同在；我要搭救他，使他尊貴。
16 我要使他足享長壽，將我的救恩顯明給他。」

接下來是大天使麥可的禱詞：

大天使麥可，我來尋求祢的幫助。偉大的守衛者，勝利的戰士，我祈請祢的幫助，請祢協助我完成這項保護魔法。我來到祢面前，請求祢神聖的手的觸摸，為這項魔法加熱，讓邪惡不會降臨到我家中。我請求祢站在我面前，保護我所做的一切。麥可，請使用祢擁有的上帝的力量，讓它來保護我。我感恩祢聆聽我的聲音，感恩祢對我的幫助，感恩祢為我帶來的保護。阿們。

當你完成祈禱之後，要繼續為保護進行禱告，尤其是為你的家，和住在裡面的人或是前來拜訪的人——你要祈禱你的家建立起防衛，沒有邪惡的力量與惡毒的魔法能夠進入。

你瞧，當你祈禱時，其實是在做一項能夠防止負面影響和靈體進入你的庇護所和家的魔法操作。要知道，你祈禱的同時，也在創造神奇的改變，這種改變不僅會影響住家的整體精神，也會影響到拜訪者的性靈。不要只是敷衍了事就期待事情會發生改變，要從心底感受這些禱告。是你決定了什麼東西能進入你的家園、你的庇護所，所以要確保每個人和所有東西都知道這點。那麼要怎樣做到這些呢？當你用心講話，並把自己融入魔法中，你就能創造出推動魔法向前的力量，當別人拜訪你家時，他們也會感到這些。你要相信這一點。

那麼，當祈禱完成，鐵釘上的火熄滅並且冷卻到可以觸摸時，先用紅色的麻線把它們綁起來。首先用麻線在釘子頂部打一個結，讓它保持在原位。然後，將麻線朝自己的方向纏繞在釘子上，這樣做是為了幫家帶來保護。用這種方法一直纏繞到釘子的尖端。

纏繞到尖端之後，再繼續繞回釘子的頂部。結束以後，在頂部打七個結。七個結代表一個循環的完成，也為你家和居住在這裡的人做好提供保護的準備。

結束之後，給鐵釘奉上蘭姆酒或者威士忌，在每個鐵釘上倒一點就可以了。

隨後，把釘子安置在外面，在房屋的四個角落分別放置一個。你必須把釘子釘入地面，當你做這些時，就是把房屋的保護魔法用釘子釘住了。

如果你住的是公寓，沒辦法把釘子釘在地面，就用泥土填滿四個花盆，在每個花盆中釘入一個鐵釘，分別放在家的四個角落，這樣就可以起到保護作用。你喜歡的話，也可以在花盆裡種下花草。只要釘子釘進泥土中，對你房屋的保護就能夠起作用。

這樣做完以後，再對祖先和靈體表示感謝，讓魔法開始保衛你的家。每兩三個月就給鐵釘奉上一次供品，只要它們持續發揮作用，就應該繼續接受供品。你只需要在它們上面倒上蘭姆酒或威士忌，對其祈求和禱告，請求繼續帶來保護即可。只要你繼續進行魔法操作並且尊重已經完成的魔法操作，這些魔法也會持續不變、繼續發揮它們的作用，來表達對你的尊敬。

＊帶來保護作用的沐浴＊

沐浴是我們在胡督魔法中經常使用的方法。沐浴有吸引效果，也有移除作用。無論用在哪種魔法裡，沐浴的本質都有淨化元素——不管是對身體的淨化還是對靈性的淨化。沐浴也能夠為你的日常生活吸引保護。

為什麼需要保護沐浴呢？請記住，你在外出的時候，不管是在魔法操作還是在社交場合中，或者僅僅是有事要做，你都會接觸到其他人，他們身上可能有對你帶來影響的東西，況且，你永遠不會知道你在外時會發生什麼。因此，你應該隨時準備好保護自己，它會始終如一地發揮作用，你也應該一直為它付出努力。

所需材料：

- 1杯水
- 1支蠟燭和1支白蠟燭——用來照亮道路
- 1個盤子
- 1塊征服者高約翰的根——用來摧毀阻擋你道路的壞運氣，並提供保護作用
- 2大撮當歸根——用來淨化與保護，阻止負面能量接觸你
- 3片月桂葉——用來保護你免受負面能量的干擾和別人對你的魔法攻擊
- 2大撮南方約翰根（延齡草）
- 少許蘭姆酒和威士忌，比平時多半杯
- 1支雪茄或香菸——用於帶來煙霧
- 少許花露水——用來驅散那些試圖像水蛭一樣吸附你的黑暗靈體

把所有東西都準備好以後——同時一定要點好蠟燭，備好一杯水——把植物放在盤子上，先把它們分散開來。

接下來，給它們奉上供品，把植物呈現給四個方向。供品奉上之後，便可開始對著植物進行禱告和祈願了。你要說出自己期望的保護，並且祈求植物來執行保護的工作，在你的周圍築起一道保護牆。

發表的聲明和祈願就像給植物指引方向，告訴它們接下來的工作是什麼，要求它們做什麼。你可以從內心深處對植物祈禱，也可以使用其他的禱詞。你付出的努力愈多，魔法就會愈有效力。

做好祈禱之後，就把鍋子拿出來，在裡面裝水，放在爐子上。把鍋放在爐子上以後，在裡面倒入花露水，並放點額外的蘭姆酒或者威士忌。

給水加熱，把植物放進去。放進植物時，對它們講話，分別告訴它們應該做什麼。例如，和當歸根交流，讓它知道自己的任務是做你的守衛者，阻止負面能量黏在你身上。和月桂葉交談，讓它做你的保護盾，為你阻擋任何想要干擾你魔法工作的東西。就像我們和祖先的靈體一起進行魔法工作一樣，我們也和植物的精靈一起工作。它們古老、有力，也是魔法的一部分。認識到這一點非常重要，畢竟我們正在尋求它們的幫助。

水和植物一起加熱的時候，把鍋裡的所有植物攪拌在一起。攪拌時也要繼續對著鍋子祈禱。你要持續這些操作，創造出能夠起到掩護和保護作用的洗澡水，讓任何負面能量都無法穿透保護的屏障。當你在操作魔法時態度堅定，你的魔法就會堅定地為你生效。

大約十分鐘後，等到水的顏色變了，就把水和裡面的植物倒進浴缸。如果你願意，也可以事先舀出部分植物，但是一定要留一些在浴缸裡。準備溫熱的洗澡水，在浴室裡點上白色蠟燭。

把鍋裡的水倒進浴缸裡後，進入浴缸，開始從腳部往上清洗自己。為什麼要這樣做呢？原因在於這是要使你獲得保護力的沐浴。從腳部往上洗的話，你就可以把你在尋求的保護力吸引而來。

在浴缸裡的時候，繼續進行關於保護的祈禱，發表為你帶來保護的聲明。洗澡的時候，你要去感受植物的精靈在完成它們的工作，並且也要繼續聲明，這樣魔法就能變得更強大。在浴缸裡洗十到十五分鐘，之後再把浴缸裡的水放出去，並讓自己自然晾乾，這樣洗澡水就能夠浸入你的皮膚。

洗完澡離開浴缸以後，要感謝協助你的靈體和植物的精靈，再來就是等待保護魔法自己發揮作用了。

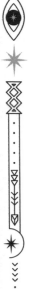

＊對邪眼的看守和保護魔法＊

邪眼對人有很大的影響，不管人們有沒有意識到，它都能讓很多人掉進陷阱。很多情況是出於嫉妒、猜忌，或者是被冒犯而生氣，讓他人用某種破壞性的心態看待你。如果你擁有別人想要的東西，而他們不想自己費力去取得，就有可能把自己的嫉妒心投射在你身上，或是對你做出背後誹謗的行為。那麼，我得告訴你，這些負面情緒是這一切的燃料，而眼睛是它投射的方向。我一直都認為身邊有再多的保護都不為過，以下就是阻止邪眼的魔法來到你家的方法。

所需材料：

- 1支白蠟燭——用來照亮道路
- 1小杯水——把眼睛淹沒
- 幾滴聖水（非必需）
- 3顆邪眼的珠子——用來捕捉邪眼
- 1塊樟腦——用來淨化空間，保持潔淨

先準備好蠟燭來照亮道路，再拿一個小玻璃杯，把它裝滿水，添加幾滴聖水也無妨。準備好一切之後，把這杯水拿起來向四個方向展現，因為你要把魔法發送到世界的每一個角落。

先於前一晚取出邪眼的珠子，把它們放在玻璃杯裡。邪眼沒辦法在水下存活。把珠子放進水中之後，把樟腦也放進玻璃杯中。樟腦會浮在杯子頂部，繼續進行淨化。

接下來，開始對你的魔法操作進行禱告和祈願。對於這項操作來說，詩篇37是非常有力的禱告，能夠帶來保護，並且阻止攻擊你的魔法。為你的魔法祈禱這段詩篇三次，然後再進行具體的禱告。詩篇37如下：

1 不要為作惡的心懷不平，也不要向那行不義的生出嫉妒。

2 因為他們如草快被割下，又如青菜快要枯乾。

3 你當倚靠耶和華而行善，住在地上，以祂的信實為糧。

4 又要以耶和華為樂，祂就將你心裡所求的賜給你。

5 當將你的事交託耶和華，並倚靠祂，祂就必成全。

6 祂要使你的公義如光發出，使你的公平明如正午。

7 你當默然倚靠耶和華，耐性等候祂；不要因那道路通達的和那惡謀成就的心懷不平。

8 當止住怒氣，離棄忿怒；不要心懷不平，以致作惡。
9 因為作惡的必被剪除；惟有等候耶和華的必承受地土。
10 還有片時，惡人要歸於無有；你就是細察祂的住處也要歸於無有。
11 但謙卑人必承受地土，以豐盛的平安為樂。
12 惡人設謀害義人，又向他咬牙。
13 主要笑他，因見他受罰的日子將要來到。
14 惡人已經弓上弦，刀出鞘，要打倒困苦窮乏的人，要殺害行動正直的人。
15 他們的刀必刺入自己的心；他們的弓必被折斷。
16 一個義人所有的雖少，強過許多惡人的富餘。
17 因為惡人的膀臂必被折斷；但耶和華是扶持義人。
18 耶和華知道完全人的日子；他們的產業要存到永遠。
19 他們在急難的時候不致羞愧，在饑荒的日子必得飽足。
20 惡人卻要滅亡。耶和華的仇敵要像羊羔的脂油祂（或譯：像草地的華美）；他們要消滅，要如煙消滅。
21 惡人借貸而不償還；義人卻恩待人，並且施捨。

22 蒙耶和華賜福的必承受地土；被祂咒詛的必被剪除。
23 義人的腳步被耶和華立定；他的道路，耶和華也喜愛。
24 他雖失腳也不致全身仆倒，因為耶和華用手攙扶他的手。
25 我從前年幼，現在年老，卻未見過義人被棄，也未見過他的後裔討飯。
26 他終日恩待人，借給人；他的後裔也蒙福！
27 你當離惡行善，就可永遠安居。
28 因為，耶和華喜愛公平，不撇棄祂的聖民；祂們永蒙保佑，但惡人的後裔必被剪除。
29 義人必承受地土，永居其上。
30 義人的口談論智慧；他的舌頭講說公平。
31 上帝的律法在他心裡；他的腳總不滑跌。
32 惡人窺探義人，想要殺他。
33 耶和華必不撇他在惡人手中；當審判的時候，也不定他的罪。
34 你當等候耶和華，遵守祂的道，祂就抬舉你，使你承受地土；惡人被剪除的時候，你必看見。
35 我見過惡人大有勢力，好像一棵青翠樹在本土生發。

36 有人從那裡經過，不料，祂沒有了；我也尋找祂，卻尋不著。
37 你要細察那完全人，觀看那正直人，因為和平人有好結局。
38 至於犯法的人，必一同滅絕；惡人終必剪除。
39 但義人得救是由於耶和華；祂在患難時作他們的營寨。
40 耶和華幫助他們，解救他們；祂解救他們脫離惡人，把他們救出來，因為他們投靠祂。

對著裝有樟腦和邪眼的水杯祈禱過後，把它放在靠近前門的某處。它現在已經準備好保護你的家免受邪眼打擾。只要有邪眼投向你，它們都會被淹死在水裡。

更明智的作法是製作兩個這樣的魔法——一個放在前門處，一個放在後門處。就像我說過的一樣，你為自己準備再多保護都不算超過。這樣的守衛需要每兩週更新一次。你可以通過清洗邪眼的珠子、添加更多水，還有替換樟腦來更新守衛魔法。邪眼玻璃珠也需要得到淨化，這樣才能讓它們繼續為你的房屋發揮得當的保護作用。

＊驅除厄運魔法油＊

除了淨化和保護的魔法，驅除厄運也應該是一項需要你經常去實行的魔法。有些人將驅除厄運和淨化視為同一件事，然而它們並不完全相同。它們可以被視作表親。因為淨化是為了清除你身上的靈性污泥，去除附著在你身上的東西；驅除厄運則是為了阻止那些可能施加在你身上的詭計、對你進行的魔法攻擊或者是你無意中做出為自己帶來阻礙的事。驅除厄運就意味著擺脫這些東西，就像有些人需要改善他們的運氣，或者是打開機會的十字路口一樣。

所需材料：

- 1根能夠燃燒三天的白色蠟燭、14根白色的應急蠟燭
- 1杯水
- 1個盤子
- 2品脫橄欖油——作為帶來平和的靈體和新開始的載體
- 1整塊南方約翰的根——用來去除攻擊你的魔法，並防止未來可能受到的魔法攻擊
- 2大匙龍芽草——用來淨化並讓攻擊魔法遠離你

● 2大匙芸香——擁有清理和保護作用，也有開闢道路，讓前行道路更順利的能力
● 2大匙薄荷——能夠帶來更新與提神的作用
● 2大匙松樹皮——用於淨化，並帶來抵禦風暴的保護
● 1夸脫大小的梅森罐

製作魔法油需要三天左右的初始工作外加十四天的禱告。把植物和油帶到你的工作區域，將植物放置在盤子上。點燃蠟燭，並且準備好一杯水。把植物呈現給四個方向，將魔法發送給大地的四個角落。做完之後，為植物供奉上蘭姆酒或者威士忌還有菸。

然後你就可以開始對植物進行禱告和祈願了。祈禱時很重要的一點是你要具體說明希望植物完成的魔法，你可以把自己想像成軍隊的將軍——你必須要告訴士兵他們需要做什麼。告訴他們要做的就是完成驅除厄運的魔法，並且讓別人的魔法遠離你；告訴植物讓你擺脫別人對你的詛咒，再把它們送回詛咒你的人那裡。你要和植物的精靈聊天，就像和你自己的靈體聊天一樣。這一點很重要，因為你和靈體建立的魔法關係能夠讓你的魔法充滿效力。詩篇8非常適合和你的祈願一起用來為這項魔法禱告。破壞已經完成的魔法並將其踩在自己腳下的力量正是召喚魔法師所追求的，這樣才能保證沒有任何東西能給你帶來厄運。詩篇8如下：

1 耶和華——我們的主啊，祢的名在全地何其美！祢將祢的榮耀彰顯於天。
2 祢因敵人的緣故，從嬰孩和吃奶的口中，建立了能力，使仇敵和報仇的閉口無言。
3 我觀看祢指頭所造的天，並祢所陳設的月亮星宿。
4 便說：「人算什麼，祢竟顧念他！世人算什麼，祢竟眷顧他！」
5 祢叫他比天使微小一點，並賜他榮耀尊貴為冠冕。
6—8 祢派他管理祢手所造的，使萬物，就是一切的牛羊、田野的獸、空中的鳥、海裡的魚，凡經行海道的，都服在他的腳下。
9 耶和華——我們的主啊，祢的名在全地何其美！

對植物祈禱七次這篇禱詞，七次意味著循環完成和一個新的開始。對植物祈禱過後，就把它們留在魔法操作區，和點燃的蠟燭放在一起。這個過程需要重複三天，每一天都要對植物禱告和祈願，並繼續將注意力集中在消除厄運及需要完成的事情上。

到第三天，對植物祈禱以後，把它們和油一起裝進梅森罐裡。之後拿起罐子開始搖晃它。在搖晃的過程中繼續對它祈禱，讓祈願和罐子融合在一起。讓原本個別不同的植物合為一體，發揮魔法效果，為你消除厄運，也讓厄運遠離你。之後繼續燃起蠟燭，對這罐油祈禱並且搖晃罐子，這項工作需要持續十四天。

這一系列操作都完成後，你就擁有了一個強大的守衛，能夠對抗任何詛咒，也能讓你的前路順利暢通，因為你再也不用面對別人對你施加的詛咒，不管它們會不會對你產生效果。

當你使用這罐油的時候，可以滴幾滴在非慣用的手掌裡，把油抹在自己身上，讓消除厄運的魔法來到身邊。這樣做之後，任何附著在你身上的東西都能夠被送走。有些魔法師會讓你把油從身上擦去，但我不同意這點。雖然解除厄運魔法的本質是帶走你身上的詛咒，但同時為了讓這項魔法持續發揮作用，它需要在你身邊創造出一個保護結界，所以它首先應該停留在你身上，才能處理那些已經存在的魔法。

如果你願意的話，也可以在洗澡時使用這些油。你可以把它加入淨化沐浴中，為沐浴增加力量，不過這一切都取決於你。歸根究柢，如果你受到厄運的詛咒，未來做任何事情都不會成功，所以去他的。我想要好好過活，繼續我的魔法事業，所以我絕對不允許自己失敗。你也應該有同樣的心態，要堅強、要獲勝，永遠不要允許別人詛咒你。如果真的被詛咒了，你也要在詛咒還沒有太過分之前回到正軌。

永遠不要忘記，你心中擁有強大的精神，但有時別人的愚蠢能量會阻止你的精神提升。而這項魔法就是阻止這樣的愚蠢能量並且展示出你強大力量的方法。

＊分離粉＊

人們認為分離魔法既有積極的一面也有消極的一面。例如，如果你因為配偶毆打你、對你口頭或者精神虐待或類似的事情而想要離婚的話，人們就會覺得，「這並不是一件壞事」。如果你想要把老闆和他試圖操控的員工分開，這可能也不會是一件壞事。然而，有些人試圖破壞一段關係是因為想和其中的一方在一起，這當然是可行的，但是，這背後的邏輯和理由都取決於你。我會告訴你怎麼做，但你決定用它來做什麼，就是你和你的靈體之間的事了。

原料：

- 1根蠟燭（黑色或紫色的蠟燭較佳）
- 3大匙阿魏膠——它的難聞氣味有助於減少與某人在一起的慾望
- 3大匙卡宴辣椒——用來加熱魔法，讓它變得更強大、更激烈、更快速
- 3大匙玉竹根（葳蕤）——帶來指示和控制

- 3大匙泥土，來自心碎而死之人的墳墓
- 3大匙幾內亞胡椒——用來加熱魔法，並銳化它使其更有效地發揮作用
- 3大匙硫磺——把東西送走；但要非常小心，因為硫磺同樣也能吸引惡靈（這未必一定是壞事，因為有時候它們會對魔法有幫助）
- 1小塊黃蜂巢——為魔法帶來「刺痛」和控制的靈體，也能帶來遠離（分離），並加入一些掌控態度
- 少許蘭姆酒或者威士忌
- 1支雪茄或香菸
- 研磨用的杵臼
- 1個用來裝植物的容器或者袋子
- 1個小罐子
- 幾枚錢幣

綁定蠟燭所需材料（非必需）：

- 1支黑色或者紫色的蠟燭

● 少量植物油

● 需要被施加魔法者的照片或者其他個人物品

拿到來自心碎而死之人墳墓中的泥土可能不太容易。首先，你得做一些研究才能知道那個墳墓在哪。你可以在網路上搜索墳墓中的人名，看看能發現什麼。你也可以與老人聊天，他們或許會告訴你墓地中人們的故事，也許能為你需要的東西指明方向。這就是我們需要與老人聊天的原因，他們的故事中充滿了能夠幫助你個人成長的資訊。你在尋找的靈體可能會是經歷離婚或者重度憂鬱的人，可能是沒有繼續活下去的意願才去世的人，或者因為分手而自殺的人。

找到那個人以後，向它們請求幫助。你可以在第9章「墓地中的胡督魔法」中找到指示（見第116頁）。

準備好所有材料之後，你就可以點燃蠟燭，準備一杯水，拿起這些原料，開始進行供奉了——也就是為即將進行分離魔法的每個植物都奉上蘭姆酒或者威士忌還有香菸。

把供品帶給植物和蜂巢，然後向四個方向展現之後，就可以開始對它們進行祈禱了。這時你要對植物說出關於分離魔法的話，告訴它們要做的就是把兩人（或更多人）分開。這時一定不要膽怯或者害羞，而應該開始發號施令，就像是對即將參加戰鬥的軍隊發表演說一樣。

出埃及記第 8 章的禱詞很適合在這裡祈禱：「我要將我的百姓和你的百姓分別出來。明天必有這神蹟……」

禱告和祈願完成之後，讓蠟燭的光持續照亮植物。重複這個過程三天，每天你都要持續對植物進行禱告、祈願和聲明。

第三天結束後，把這些分別放置的植物混合在一起，這就是它們開始為了一個共同目標而統一力量的地方。此時，這個目標就是分離，就是破壞一段關係。把它們混合在一起之後，拿來研缽和研杵，把它們碾碎磨成粉末。

這部分的重要之處在於，當你研磨和搗碎時，要繼續發出聲明和命令。這樣的祈願要持續不斷，因為它能夠為魔法帶來效力。記住，你付出什麼就會獲得什麼，所以如果你在操作時半途而廢，就只能得到一半的結果。

等到植物都被搗碎成粉末之後，把它們裝進一個容器中，比如袋子或者類似的其他東西。然後，就是進行實地考察的時候了。把這些粉末帶去監獄，或者是監獄旁的場地，並在那裡挖一個小洞，把錢幣和蘭姆酒或者威士忌放進去，然後把粉末埋在那裡。

為什麼是監獄？因為監獄是帶來分離的地方。監獄大地的泥土承載著將所有事物分開的氣氛和行為。所以在這裡埋下粉末，就能讓這些粉末充分浸入象徵分離的精神實質之中。粉末需要在這裡埋下七天。第七天以後，你就可以去把它挖出來了。挖出來的時候，你也必須給這裡的大地奉上供品，一定不要忘記這一步。你可能會問：「為什麼不直接把監獄的泥土放在粉末裡呢？」在這個魔法中，我們只想要粉末在這些泥土中浸透，而不是成為它們的一部分。這樣做的原因是因為我們已經有了來自墓地的泥土，並且如果你所尋求的不是重大的分離（例如讓某人被逮捕），就沒有必要這樣做。泥土的本質已經足夠完成這項魔法。你不會想要它的力量蓋過其他魔法。何況，還有因心碎而死的人的靈體前來協助魔法。

接下來，使用粉末的時候，你一定要暗中進行。這個粉末是被施加魔法的人需要以某種方式踏上、坐上，或者觸碰到的東西。這樣魔法才能開始發揮作用。所以，你可以把它撒在這個人的門階上，或者放在他工作的桌子下面。你也可以用髮膠噴在他的車門把手上，再把粉末撒上去。你瞧，髮膠能把粉末黏上，他們就會因此觸碰到它。

完成以後，用粉末和被施加魔法之人的頭髮或者照片，綁定一支黑色或者紫色的蠟燭。你要做的就是拿著蠟燭，並用一點油來擦拭它。植物油就很合適，然後把照片或頭髮放在蠟燭上。如果你使用的是照片，就把照片燒成灰，撒在蠟燭上，再把製作好的粉末接著撒在蠟燭上。

點燃蠟燭並且繼續對蠟燭說出你的祈願和聲明。不要讓粉末留在手上，你不會想要成為經歷分離的當事人，當然除非你確實有這樣的意願。

如果你不小心沾上了一些粉末，則需要立刻進行淨化。你應該準備一些花露水、幾撮鹽，還有一大匙牛膝草或者芸香，然後清洗粉末接觸過的部位。把所有的原料放在一起，擦洗那個部位，讓魔法從你身上剝離。擦洗幾分鐘之後，再用肥皂和水來清洗該部位。你瞧，這些魔法只能辨別一件事，那就是它們應該做的工作。如果你觸碰了它們，這些植物就會把魔法作用在你身上！所以，你一定要處處留心。這和接觸火的人需要遵循的原理相同。他們當然能夠操縱火焰，但無論怎樣，火都在熊熊燃燒，如果你不多加小心就會被燒傷。

同樣，這些魔法與善惡、道德不道德無關，而是與平衡有關。平衡是我們召喚魔法師看待事物的方式，我們必須保持同樣的平衡。這就是我們所關注的事物和我們工作的方式。

＊詛咒粉＊

詛咒粉是我最喜歡使用的詭計之一。沒錯，錢幣的正反兩面都有我的最愛。詛咒粉可以用來把別人的好運帶走，為他們帶來厄運，關閉他們的道路，帶來一個接一個的阻礙。當我們使用「阻撓」(crossed up)這樣的詞來命名詛咒粉時，我們所指的就是這樣一種道路和機會都被關閉，好運全部消失的情況。

所需材料：

- 2根黑色或者紅色的蠟燭
- 1杯水
- 少許蘭姆酒或者威士忌
- 1支雪茄或者香菸
- 1大把松針（最好是乾枯的）——用以帶來不舒服和不安的感覺
- 幾大匙來自十字路口交叉處的泥土——用來關閉道路；我所說的十字路口交叉處就是中間的部分，如果你站在交叉處，看著十字路口，就會發現交叉處像一個十字符號。在十字符號中間的「X」形狀處，就是你需要蒐集泥土的地方
- 2大匙幾內亞胡椒——用來讓魔法更激烈與銳化，這樣就能夠快速有效地發揮作用
- 1大匙洋艾草——用來影響心靈
- 死於非命之人墳墓中的泥土
- 研磨用杵臼

綁定蠟燭所需材料（非必需）：

- 你想要詛咒之人的照片或者個人物品
- 1個盤子
- 1個小紙包
- 少許錢幣或者其他的供品

想要拿到死於非命之人墳墓的泥土，你可能還是需要一些調查才能找到，但必須找到才行。這些因暴力死亡者的靈體常常更樂意從事關於復仇或者正義的魔法，因為這是它們還在世的時候沒有得到的東西，但有些人會幫助你，有些則不會。當你找到那個人之後，你需要向它們祈願，請求幫助（見第116頁）。在你把所有原料都準備好以後，先從奉上供品開始——向每個即將為別人帶來詛咒的植物都奉上蘭姆酒或者威士忌還有菸。準備好一杯水，點燃黑色或者紅色的蠟燭。這樣的蠟燭非常適合這種魔法。

奉上供品之後，把所有植物向四個方向呈現，然後開始對植物祈禱、請願和聲明。這些禱告和聲明應該用命令的方式進行，讓所有接觸粉末的人都受到詛咒，讓他們的道路被關閉，讓他們的好運耗盡。對著植物說出這些聲明，告訴它們各自的工作是什麼，它們會回應你的。

為了清楚起見，當我提到「植物根」的時候，我指的也包含泥土。它們對我來說都是同一類東西。接下來，就像製作分離粉時一樣，這個過程也要持續三天。第三天的工作結束之後，把它們蒐集在一起。

和之前一樣，用研缽和研杵把材料碾碎成粉，同時繼續做出聲明，讓任何接觸到粉末的人都受到詛咒。粉末研磨完成後，如果你願意的話，也可以加入一些滑石粉作為載體。當然這完全取決於你。

使用粉末的原理和分離粉相同，需要和人接觸才會起作用。就像我解釋過的一樣，有幾種方式可以做到這點。具體怎麼完成還是取決於你。

現在，是不是就可以用詛咒粉來綁定蠟燭對別人施加魔法了呢？沒錯，你可以這麼做。然而，這樣的效果會有所不同，因為粉末與人直接接觸才最有效。如果你想要用蠟燭來進行魔法，就需要把和被施加魔法之人有連結的物品加入蠟燭。同樣，這個連結可以是頭髮、指甲、照片、未洗過的衣服（燒成灰然後抹在蠟燭上），或者其他與他們有直接連結的東西。

你可以按照與分離魔法相同的方式來綁定蠟燭，唯一要額外做的事就是在放置蠟燭的地方用詛咒粉末劃線。你要用粉末劃出一個X，把蠟燭放在粉末上再點燃它。

蠟燭點燃之後，說出你想要施加魔法者的名字，並且對著蠟燭做出聲明，命令他們的生活受到詛咒，他們的好運四散而空，他們的道路被關閉。

蠟燭燃燒完之後，把剩下的蠟放進一個小紙袋帶到十字路口，埋進十字路口的X部分。一定要保證在埋的時候有奉上供品。請記住，如果我們有所付出就會有所得，如果我們有所收穫就一定要有所付出。

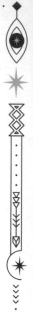

如果你打算使用蠟燭來操作魔法，我會建議你在七天或九天的週期內重複操作。這樣的數字意味著魔法週期的完成，它們代表事物的開始和運行，直到完成。

＊腐爛舌頭＊

關於腐爛舌頭的魔法是為了堵上敵人的嘴，它也會給人帶來傷害。沒錯，傷害是這項魔法的一部分。很多人傾向於迴避錢幣的另一面，但它就像祝福、療癒和其他魔法一樣，有著自己的位置。我記得第一次在課堂上講到這個魔法時，所有人都坐立不安，但有意思的是每個人都想了解和學習。這表明了總會有些人想要了解錢幣的另一面，即使我們並不想承認這點。

所需材料：

- 1支蠟燭
- 1杯水
- 1塊牛舌（肉鋪或者超市就能買到）——用來代表你想要施加魔法之人的舌頭
- 7顆哈瓦那辣椒——用來加熱魔法，製造不適感
- 1張你想要施加魔法之人的照片或者其他個人物品（照片上應該能顯示出這個人的臉，最好還有手部）
- 1根未使用過的標準尺寸12／80新縫紉針和1根好用尺寸14／90的新縫紉針
- 1綑黑線
- 1株空氣鳳梨——用來束縛和阻止人前進，如果其中有紅恙蟎（俗稱紅臭蟲）還會增加強度
- 1大匙硫黃——用來清除壞靈體，並吸引更加邪惡的靈體
- 1大匙明礬——用來讓人閉嘴
- 一點汽油
- 能夠遮蓋頭部的東西
- 幾枚錢幣

- 1支雪茄或者香菸以帶來煙霧
- 1把錘子
- 3根鐵釘
- 少許蘭姆酒或者威士忌

首先，點燃蠟燭，準備好一杯水。開始魔法操作時，把牛舌從舌根至舌尖縱切下來，做成一個口袋，這一邊指的是牛舌水平下垂較長的一邊。

把哈瓦那辣椒切成兩半，你可能會需要帶上手套，如果你在接觸辣椒之後摸了臉、眼睛或者其他敏感部位，你就會明白我的意思。那並不是什麼愉快的體驗。

把辣椒切成兩半之後，把種子取出來保存好。將切成一半的辣椒放在牛舌袋的內部摩擦，同時集中注意力在被施加魔法的人身上。接下來開始對你的操作說出聲明，告訴魔法操作它們應該做什麼。這時需要你的情緒發揮作用，對魔法發出命令。結束對牛舌的摩擦之後，把切半的辣椒和存下來的種子放進牛舌袋裡。

準備好被施加魔法之人的照片或者其他個人物品，用針和黑線把照片上的眼睛和嘴巴縫合起來。如果照片上有展示手部，就把他的雙手也縫在一起。縫製雙手的方法是先把一隻手縫合起來，然後縫到另一隻手上。這樣看起來就像是兩隻手被綁在一起了。一定要把雙手縫好，因為這也是讓魔法發揮作用的一部分。

把照片放在牛舌口袋裡，並在照片上放一株空氣鳳梨，再加入大約一大匙的硫磺和一大匙明礬。

把所有原料都放進牛舌口袋後，拿起合用的針和黑色的線，把口袋縫上。口袋縫合完後，拿一點汽油來點燃。讓牛舌透過汽油充分加熱。這樣的魔法需要激烈、快速，並且直擊目標。現在需要你走動幾步。在晚上或者盡可能接近晚上的時候去到墓地，一定要遮住頭部保護自己，並且在大門入口處留下供品。

到了墓地之後，在那裡找到最老的一棵樹，作為進行魔法操作的地方。找到那棵樹之後，把牛舌拿出袋子或者任何盛放它的容器。接下來，再次對它祈禱。最適合這種魔法的禱詞來自以賽亞書。我特別喜歡為這項魔法所做的禱詞，因為它能夠切中要害。禱詞來自以賽亞書54：

1　你這不懷孕、不生養的要歌唱；你這未曾經過產難的要發聲歌唱，揚聲歡呼；因為沒有丈夫的比有丈夫的兒女更多。這是耶和華說的。

2 要擴張你帳幕之地，張大你居所的幔子，不要限止；要放長你的繩子，堅固你的橛子。
3 因為你要向左向右開展；你的後裔必得多國為業，又使荒涼的城邑有人居住。
4 不要懼怕，因你必不致蒙羞；也不要抱愧，因你必不致受辱。你必忘記幼年的羞愧，
不再記念你寡居的羞辱。
5 因為造你的是你的丈夫；萬軍之耶和華是祂的名。救贖你的是以色列的聖者；祂必稱
為全地之上帝。
6 耶和華召你，如召被離棄心中憂傷的妻，就是幼年所娶被棄的妻。這是你上帝所說的。
7 我離棄你不過片時，卻要施大恩將你收回。
8 我的怒氣漲溢，頃刻之間向你掩面，卻要以永遠的慈愛憐恤你。這是耶和華——你的
救贖主說的。
9 這事在我好像挪亞的洪水。我怎樣起誓不再使挪亞的洪水漫過遍地，我也照樣起誓不
再向你發怒，也不斥責你。
10 大山可以挪開，小山可以遷移；但我的慈愛必不離開你；我平安的約也不遷移。這是
憐恤你的耶和華說的。
11 你這受困苦、被風飄蕩不得安慰的人哪，我必以彩色安置你的石頭，以藍寶石立定你

的根基。

12 又以紅寶石造你的女牆，以紅玉造你的城門，以寶石造你四圍的邊界。

13 你的兒女都要受耶和華的教訓；你的兒女必大享平安。

14 你必因公義得堅立，必遠離欺壓，不致害怕；你必遠離驚嚇，驚嚇必不臨近你。

15 即或有人聚集，卻不由於我；凡聚集攻擊你的，必因你仆倒。

16 吹噓炭火、打造合用器械的鐵匠是我所造；殘害人、行勦滅的也是我所造。

17 凡為攻擊你造成的器械必不利用；凡在審判時興起用舌攻擊你的，你必定他為有罪。這是耶和華僕人的產業，是他們從我所得的義。這是耶和華說的。

對牛舌祈禱三遍這段禱詞，並說出照片上的人之名。說出他們的名字很重要，因為魔法作用的方向既來自於牛舌中包裹的連結物，也來自召喚魔法師的聲明。

祈禱和聲明過後，為魔法送上供品，往上面吹一些煙，給它帶來蘭姆酒和威士忌。你也需要倒一些蘭姆酒或者威士忌在你進行魔法工作的樹上。

之後，取出錘子和釘子，把牛舌釘在樹上。當你把釘子穿過牛舌、釘進樹中的時候，對它講話——讓被施法的人停止說話；一旦這個人的口中說出你的名字，他們就會經歷痛苦和腐敗；一旦這個人的口中說出你的名字或其他類似詞語，別人都無法聽到。這個時候就是你確保魔法有著清晰意圖，以及它會如何影響目標的時候。

不要把牛舌放在樹上顯眼的地方，你不會想要別人干擾你的魔法。盡你所能把魔法操作藏好，讓它自己發揮作用。當你做完以後，就可以離開了，但不要回頭看。現在是魔法自行完成工作的時候，你的工作已經完成了。

牛舌開始腐爛之時，你所施法的人也會開始腐爛。他對你的一切不利行為都會為他帶來身體上的疼痛，這樣的魔法會隨著腐爛程度加劇而增加效力。當一切都混合在一起並和牛舌的肉融合的時候，魔法也會結合在一起，完成它們的工作。

重要的是，完成魔法操作之後，你需要洗一個淨化澡。你不會想要任何不必要的蠢事黏在你身上。有時候我們不得不弄髒自己的雙手，而這種魔法就屬於這種情況。如果你想要成為召喚魔法師，必須記住並且尊重錢幣的正反兩面。這始終是這項魔法的性質。

＊支配沐浴＊

這種支配魔法的目的是對他人施加影響，並且在某種程度上控制他們，以實現你希望發生的事情。支配的另一方面就是為自己帶來更多自信，這樣你就可以自信前行。這項魔法可以用在愛情、事業或者任何事上。這個沐浴的作用之一是帶來影響力，但也能帶來昂首挺胸和遵守承諾的信心。沐浴的目的不僅是讓你對他人開始產生影響，同樣也能讓你克服生活中任何缺乏自信的部分，掌握生活中的每一種狀況。

在準備沐浴時，你要使用所謂的統帥型植物。當我們說到統帥植物的時候，指的是那些具有引導或支配，或者兩者特性皆有的植物精靈。我常常告訴人們，統帥植物可以比作統領軍隊的將軍，它們指明方向，有能力把行動計畫付諸實踐，並且能夠領導分散的團隊走向統一，完成任務。

所需材料：

- 1根白蠟燭和1根紅蠟燭
- 1杯水
- 2大撮甘草根——在支配魔法中有效，經常用於關於愛情或慾望的支配魔法中有效
- 2大撮鳶尾根——它的精靈帶有影響力，往往會讓人們對你張開耳朵；對男人特別有效

● 1大撮香豬殃殃——適合征服狀況和克服困難、扭轉局勢
● 1大撮玉竹根（葳蕤）——有很強的控制力，尤其是對靈性本質的控制
● 1大撮檸檬馬鞭草——非常適合移走舊事物，為新事物清掃道路；它也有能夠帶來好運和幫助佔領上風的靈能
● 1個中等大小的鍋
● 足夠裝滿鍋的水
● 1支紅蠟燭——與激情、火焰和衝破阻礙創造改變有關

現在，取出這些植物，把它們放在盤子上。拿出白蠟燭和一杯水，點燃蠟燭，把它和植物向四個方向呈現。

接下來，對它們祈禱。對於這項魔法，以賽亞書41：10－20的禱詞非常適合：

10 你不要害怕，因為我與你同在；不要驚惶，因為我是你的上帝。我必堅固你，我必幫助你；我必用我公義的右手扶持你。

11 凡向你發怒的必都抱愧蒙羞；與你相爭的必如無有，並要滅亡。

12 與你爭競的，你要找他們也找不著；與你爭戰的必如無有，成為虛無。
13 因為我耶和華——你的上帝必攙扶你的右手，對你說：不要害怕！我必幫助你。
14 你這蟲雅各和你們以色列人，不要害怕！耶和華說：我必幫助你。你的救贖主就是以色列的聖者。
15 看哪，我已使你成為有快齒打糧的新器具；你要把山嶺打得粉碎，使岡陵如同糠。
16 你要把它簸揚，風要吹去；旋風要把它颳散。你倒要以耶和華為喜樂，以以色列的聖者為誇耀。
17 困苦窮乏之人尋求水卻沒有；他們因口渴，舌頭乾燥。我——耶和華必應允他們；我——以色列的上帝必不離棄他們。
18 我要在淨光的高處開江河，在谷中開泉源；我要使沙漠變為水池，使乾地變為湧泉。
19 我要在曠野種上香柏樹、皂莢樹、番石榴樹和野橄欖樹。我在沙漠要把松樹、杉樹，並黃楊樹一同栽植。
20 好叫人看見、知道、思想、明白；這是耶和華的手所做的，是以色列的聖者所造的。

你也可以對植物說出自己的禱詞，祈求獲得影響力，能夠掌控任何情況。以下是範例：

植物的精靈，我來到你身邊，在這場魔法中祈求你的幫助。我請求你賦予我影響他人的能力，和主宰我生活的力量。我請求你協助我，讓我在跨出每一步時，信心和影響力都從我身上傾瀉而出。我請求你們聚集在一起，帶給我力量，使別人永遠能聽到我說出的話；賦予我吸引別人的能力，為我帶來讓別人聽從我的權威。我感謝你，也感恩你將要為我付出的努力。我為你帶來水和光作為供品，向你即將完成的魔法工作支付酬勞。我尊敬你，尊敬你的身分，也尊敬你將要進行的魔法。請讓這個魔法更有效力，讓需要補救的情況發生改變。阿們。

祈禱的同時，也不要忘記說出你的名字，如果有你想要佔據主導地位的特定狀況，請盡可能直截了當地說出那個狀況。不要忘記支配魔法需要信心，如果你的信心沒有達到應有的水平，這個沐浴也可以用來改變這種狀況，使你的魔法更加有效。

祈禱完畢後，取出鍋子，裝滿水放在爐子上。將水加熱至微微沸騰。

當水微微沸騰時，把植物放入裡面。之後，煮十到十五分鐘。煮水的時候，也要持續對植物做出聲明，比如「我將要支配這個狀況」、「我所做的任何事都不會出錯」、「我說話的時候，所有人都會傾聽」等等。

水在煮的過程中會變成棕色，就像茶的顏色一樣。煮好之後，把它從爐子上移開，讓它稍稍冷卻一下。

等到這鍋水冷卻之後，去浴室放好洗澡水，洗澡水必須非常熱。你也要在浴室裡點上紅色蠟燭。

當鍋中的材料冷卻到可以放進洗澡水時，就可以把它倒入浴缸了。把煮好的水倒入浴缸，進入水中坐一分鐘。此時，你應該專心思考自己和想要完成的魔法，也就是關於支配和影響力的魔法。從足部向上開始清洗自己，並且持續做出聲明，說出你想讓魔法如何完成。你應該至少在浴缸裡待上十到十五分鐘，這樣才能吸收植物的效力和魔法。你可以想像成正浸泡在植物靈能和它們的特性之中，正在吸收它們的特質。

最適合這個沐浴的時間是太陽剛落山時。白天到黑夜的過渡，對於改變狀況的魔法非常有效。這項魔法通常與讓你周邊的環境發生改變有關，就像讓你身上正在發生的事情逐漸落山一樣，當舊的情形落下，新的狀況就會開始——新的狀況就是你獲得了想要的支配力和影響力。

通常這項魔法需要多次沐浴才能獲得結果，大多數時候，我會建議做七天來完成魔法。這是為了讓靈性工作的過程有足夠時間顯化到物質層面上，同時讓我們的想法轉變來接受所需要的改變。七天代表一個循環的完成。這個循環能可以打開能力和機會，讓改變發生。如果你要沐浴七天，就必須堅持每天都完成。一旦你開始了一系列連鎖，就不能被打破，否則魔法不會有效。所以，每天沐浴，讓支配力和影響力洗入你的生活中，這樣你的步伐就會穩定不出錯，你所說的話也會引起遇見之人的注意。

＊熱足粉＊

在別人身上使用熱足粉是為了讓他們在物質層面離開、放棄，或是遠離一個地方。就像這個名字一樣，滾燙的腳必須走到其他地方才能冷卻下來。那麼，很多人就會問：「為什麼呢？」人們做任何事情都有各自的理由，也許他們受了委屈，也許有人造成了他持續無法化解的壓力，或者他們處於自己無法離開且對方也拒絕離開的狀況。所以，在這個時候，我們就有了加熱足部的魔法，讓他們自行離開。

所需材料：

- 1支白蠟燭
- 1杯水
- 1個梅森罐，或者其他有蓋子的罐子
- 7根紅色小蠟燭或是1根紅色的七天蠟燭
- 黑胡椒——用來加熱魔法，帶來侵略性，讓人或者狀況離開（卡宴辣椒和小辣椒也是同樣的作用）
- 卡宴辣椒
- 乾辣椒，例如紅辣椒
- 來自郵局、機場、公車站或者火車站的泥土——用來讓人離開
- 少許乾的紅螞蟻——用來讓目標煩躁，讓他無法靜坐
- 研磨用杵臼

現在，你可能要問：「紅螞蟻要從哪裡來呢？」一個簡單的方法是去螞蟻堆，帶上梅森罐或者鐘形罐及小鏟子。直接鏟進土堆，迅速放進罐子裡，這樣牠們就不會到處跑了。蓋上蓋

子，等待牠們死掉。如果你所在的地方沒有紅螞蟻，也可以聯絡朋友或者身邊有紅螞蟻的人，讓他們幫你拿到然後送過來。

準備好所有材料之後，把它們全部分開放在一個盤子上。點上蠟燭，準備好水，把盤子展現給四個方向，然後開始對它進行禱告和聲明。

以賽亞書59：1－8的禱詞非常適合這項魔法。禱詞講述了與神分離的惡行，它會讓人走彎路，永遠不得安寧，並且不斷走向邪惡。

1 耶和華的膀臂並非縮短，不能拯救，耳朵並非發沉，不能聽見。

2 但你們的罪孽使你們與上帝隔絕；你們的罪惡使祂掩面不聽你們。

3 因你們的手被血沾染，你們的指頭被罪孽沾污，你們的嘴唇說謊，你們的舌頭出惡語。

4 無一人按公義告狀，無一人憑誠實辯白；都倚靠虛妄，說謊言。所懷的是毒害；所生的是罪孽。

5 他們菢毒蛇蛋，結蜘蛛網；人吃這蛋必死。這蛋被踏，必出蝮蛇。

6 所結的網不能成為衣服；所做的也不能遮蓋自己。他們的行為都是罪孽；手所做的都是強暴。

7 他們的腳奔跑行惡；他們急速流無辜人的血；意念都是罪孽，所經過的路都荒涼毀滅。

8 平安的路，他們不知道；所行的事沒有公平。他們為自己修彎曲的路；凡行此路的都不知道平安。

你可以用這篇禱詞對所有材料祈禱，也可以使用你自己的禱詞。此外，如果你想要為特定的某個人製作熱足粉，則應該在祈禱的時候說出他們的名字，這樣魔法就能直接針對他們。當你對材料祈禱時，請記住要專注於讓接觸到粉末的人離開——讓他們在原本的位置非常不舒服，以至於必須盡快離開，這是你在這項魔法中要聲明的重點。

當你結束聲明和禱告之後，把所有的原料都放在一起研磨——如果你願意的話，可以使用研缽和研杵。當這些成分融合在一起的時候，它們就會一起完成同個任務並且有同一個目的，那就是在物質層面上讓某個人離開。

所有材料都磨成粉末之後，把它們放進罐子裡。蓋上罐子，把粉末放在你可以繼續進行操作的地方，因為粉末還沒有製作完成。

在接下來七天中的每一天，在罐子上方或者旁邊點燃一根紅色蠟燭。蠟燭點燃後，對粉末進行禱告和聲明。如果你在罐子頂部點燃的是小蠟燭，請讓它們燃燒殆盡。如果你用的是放在罐子旁邊的七天蠟燭（裝在玻璃瓶中的蠟燭），則每次讓它燃燒一個小時。重要的是你在這七天內要保持操作始終如一。一天都不能遺漏！這樣的工作最好在晚上進行，但白天也可以。

第七天之後，粉末就可以使用了。和分離粉還有詛咒粉一樣，熱足粉需要和你的目標進行身體接觸才能發揮作用。相關建議請參考第185頁。

此外還需要注意的是，如果粉末撒出，而你自己不小心踩到，應該立即去洗淨化澡，因為粉末的作用不會因人而異（除非它是為特定的人製作）。你不會想讓自己承受熱足粉的效果！

結語

胡督魔法是為了達到平衡、克服壓迫，並成功反抗奴隸主而產生的。正是這樣的原因，我們會使用魔法的正反兩面。

胡督魔法是我喜愛的東西，而且我一次又一次地看到它的效果。我想和你分享一個客戶的故事。我們在這裡就叫她 Faith。有天，我正在為另一個客戶工作。在我進行魔法操作的時候，有人打電話給我，我當下並沒有接起電話，因為我正操作到一半。結束之後，我才看到手機上的未接來電。我回撥那個號碼，是 Faith 接起了我的電話。她謝過我給她回電之後，就在電話裡情緒崩潰了。她非常傷心地哭了起來，感到很絕望。

我問她發生了什麼事，她解釋說自己剛去看醫生，做了一些檢查。檢查顯示她胸部有某種腫瘤或是囊腫。她向我解釋說，醫生因為這個腫塊非常擔憂。他們曾經和她談過，告訴她極有可能是患上了乳腺癌。醫生對她說，他們要對腫瘤／囊腫進行活體組織切片檢查才能確定，但他們看起來似乎不抱希望。她預計在第二天去完成手術。

Faith 告訴我，她覺得自己可能得了癌症，但不知道如何是好。她問我是否可以幫助她面對第二天要做的檢查。我講了些帶來啟發、希望和力量的話，並告訴她，我會竭盡全力幫助她。

她還是哭個不停，心情很糟糕，但她努力讓自己冷靜下來。我告訴她，我們身邊總是有靈體常伴。祖先曾經為我們開闢道路，他們是我們賴以生存的力量和基礎；他們有帶來療癒和修復的力量，就像我們的其他靈體擁有權威一樣，他們也一樣擁有。我們與靈體的關係能夠決定我們作為人的成敗。

掛掉電話之後，我開始為她進行魔法。我去找了我的祖先，向他們呼求帶來療癒的力量，詛咒可能存在的癌症，並修復一切需要修復的部分。

我為 Faith 綁定設置了一盞燈。綁定設置在我這裡意味著我會把植物和魔法油之類的東西添加進去，讓它們發揮作用。這次，它們發揮的就是療癒作用。燈點好之後，我開始為 Faith 做出祈禱和聲明。祈禱的時候，我把注意力放在她的療癒和讓我的祈願得到傾聽上。我感覺到我的祖先來了，我也能感覺到他們開始著手解決這個問題。然後，我的精神變得振奮，聽到有個聲音在說，「我們聽到你的聲音了」。

所有檢查都完成後，我接到 Faith 的回覆。她非常非常高興地告訴我，檢測結果表明腫塊是良性的。我立刻感激了我的靈體對她的幫助和為她所做的事。

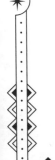

作為為靈體服事的人，你會成為它們進行工作的容器。我們用植物、祖先和我們自己的力量來使用胡督魔法，然後讓它發揮效果。我不會把它們付出的努力歸功於我自己，我只感謝它們讓我能夠成為推動這樣神奇改變的媒介。在這種情況下，發生過無數極美的改變！

當我們明白自己只是靈體的媒介時，就能夠成為更有效力的魔法師。這是因為有時驕傲、自負和想要被注意的心情，都會成為與靈體和祖先工作的阻礙。

當你理解了祖先的本質、植物精靈的本質，和達到平衡的需要時，你就能夠在一切所作所為之中有效地使用魔法。由於這項魔法產生的原因，正面和負面的魔法都很有必要。我祈禱你們每個人都能夠對胡督魔法有所了解和尊重，因為它值得被尊重。尊重、敬意和感激對於這項魔法的持續進行和職業操守必不可少。

在這本書的最後，我想和大家分享這段禱詞：

我要感謝祖先的犧牲，感謝他們鋪平道路，感謝他們為我們今天的生活開疆闢土。我感謝他們為我們所做過的一切和即將為我們做的一切。我紀念他們、尊重他們，並且祈禱他們引導你們走上註定要走的道路。我祈禱植物的精靈在你面前展現自己的樣子，我祈禱你們與它們的魔法關係變得像水邊種植的樹一樣堅固。我祈禱你們每個人的生活都充滿祝福，魔法的力量變得像靈體的心跳一樣強大。我還祈禱當你穿梭於胡督魔法的文化之中時，能夠獲得克服一切阻礙的力量，能夠收到每一個來到你面前的祝福。願你永遠受到祝福，願十字路口的權威永遠向你開放。

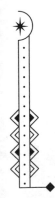

詞彙表

平衡——通過完成所需的靈性工作來保持秩序的必要情況。

雙手——魔法工作中使用的術語，用來定義魔法操作是正面的還是負面的。

右手——正面性質的魔法工作。

祝福——能夠帶來積極正面的結果，並且為積極的事情打開大門。

療癒——改變身體、思想或精神的狀況，消除不良狀況，使破碎的東西變得完整。

打開——創造機會，使事情順利進行，狀況得到改善。

左手——負面性質的魔法工作。

關閉——關閉機會或是阻止事情發生。

詛咒——負面性質的魔法工作，會對身體、心智和精神造成傷害。

施法術——為了詛咒或是關閉機會並為人製造問題而進行的魔法。

正義——糾正錯誤、帶來平衡的魔法——既適用於正面的魔法也適用於負面魔法。

詭計／耍詭計——會帶來壞運氣、混亂和問題，並增加負面狀況的魔法。

一**復仇**——對冤情和委屈進行報復的魔法。

改變——將一種狀況轉換為另一種狀況，或是帶來從一側到另一側的過渡。

管道——靈體進行移動或是穿越的方法，是一種具有打開靈性之門能力的東西。

胡督魔法——一種魔法操作，主要根源自非洲的剛果地區，通過奴隸買賣傳到美國。

文化——融入日常生活的靈性工作——也就是活出你的靈命，而不是僅僅進行魔法操作。

道路——我們在胡督魔法中所行走的道路，它為我們的祖先帶來了啟迪，也為我們的靈性工作帶來智慧。這道路由祖先開拓，因而如今我們才有根基得以立足。

魔法——使狀況或環境發生神奇變化的精神勞動。

十字路口——物質世界與靈性世界交匯的能量之地；也是字面意義的十字路口。

週期，一個週期的完成——開始一項魔法工作並完成它的過程。是一種持續前進的靈能操作。

泥土——從特定地點蒐集用來做特定事物的泥土。例如，吸引金錢的魔法建議使用來自銀行大地的泥土，因為那裡的土地包含了金錢的精髓。

布娃娃——一種可以幫助別人或是詛咒別人的靈能工作的載體；它們的製作方法眾多，能夠分別用來完成不同類型的魔法工作。

娃娃——見布娃娃。

支配——為了對人或狀況產生影響和控制而完成的魔法。

吸引——為你帶來如金錢、愛情或療癒等事物的魔法。

裝飾修琢——用油或植物來設置綁定某物，比如蠟燭，以進行靈性工作或魔法操作。

啟迪——用禱詞來增強、感恩和提升。

邪眼——通常是出於猜忌和嫉妒而產生的靈能運作，可能會在潛意識中詛咒某人。

綁定設置（例如蠟燭）——見裝飾修琢。

花露水——一種用於淨化和供奉的古龍水。

基礎——靈性智慧和力量所創造的立足平台。

四個方向——東方、西方、北方和南方。

加熱——為靈性工作帶來果斷感。

聖水——受過祝福的水。

家居訓練——有意識地被撫養長大；學得禮儀的過程。

光的設置——用於對蠟燭或燈祈禱並點著它，來改變狀況或打開靈性大門。

魔法——用來改變狀況或環境的神聖力量。

祈禱——對靈體或神明祈禱，誦念或說出禱詞，藉此祈願或帶來啟迪；也用來宣告改變。

符咒袋——一個小袋子或小包裹，用來對個人完成靈性工作或魔法。

Nkisi——一種木製雕像，用來給靈體居住。

供品——贈送靈體會喜愛的物品。

個人物品——屬於個人的東西，會帶有這個人的本質；也稱為切身事物或符記。

連結——諸如頭髮、指甲、血液、精液、皮膚之類的東西。

姓名紙——寫有人名的紙，在靈性工作中使用。

禱告——對靈體或神明祈禱，誦念或說出禱詞，藉此祈願或帶來啟迪；也用來宣告改變。

聲明——為狀況帶來改變所做的陳述。

祈願——為帶來魔法改變而向靈體發出的話語和請求。

傾向——人在物質世界生活和靈性世界生活中所具有的性格。

解讀——為特定狀況進行占卜。

關係——親近你的靈體，把它們當作家人。

反轉——把某種靈性工作或狀況送回給發送者。

根／植物——在胡督魔法中使用的植物、草藥和物品。

龍芽草——在淨化魔法和逆轉魔法中使用。

多香果——在吸引豐盛和金錢魔法中使用。

當歸根——在保護和淨化魔法中使用。

葛根——用來為你吸引好運。

阿魏膠——在分離魔法中使用。

月桂——在防護魔法中使用。

楊梅根——在吸引金錢魔法中使用。

黑胡椒——用來加熱魔法，讓魔法更明確，並驅散特定的人或狀況。

金盞花——在療癒魔法中使用。

樟腦——在淨化魔法和阻止邪眼中使用。

卡宴辣椒——用來加熱魔法，並讓魔法的性質變得明確。

肉桂——用於支配魔法、金錢魔法，能帶來額外的效力。

薑根——在吸引自信的魔法中使用，將事物吸引向你。

幾內亞胡椒——在支配魔法中使用，佈下詭計和加熱攻擊性魔法。

哈瓦那辣椒——在攻擊魔法中使用，用於帶來不適。

征服者高約翰的根——用於克服障礙和清除阻礙；我也會叫它破壞球。

牛膝草——在淨化魔法中使用，能夠療癒身心靈。

甘草根——用於支配魔法、慾望魔法，在某些情況下可用於愛情魔法。

法國蠟菊——在療癒魔法中使用。

酸橙或萊姆——用於淨化魔法，能夠破壞對你不利的魔法；也用來打破負面能量。

南方約翰根——使用於消除負面能量的魔法，能夠驅除邪惡，也能把對你不利的魔法返還回去。

香豬殃殃——在療癒魔法中使用，能加強任何正在進行的魔法；也能用於征服和克服的魔法。

甜橙——在吸引金錢和豐盛的魔法中使用。

鳶尾根——在需要影響力的魔法中使用；對男人特別有效。

薄荷——在消除厄運的魔法中使用，能恢復精神，讓人振作起來。

松樹——在淨化魔法中使用；當然，乾枯的松針也能夠用於詛咒魔法。

芸香——在淨化和保護魔法中使用。

玉竹根（葳蕤）——在命令和控制魔法中使用；也能用在聚焦於手上正在進行的其並增加魔法的效力。

空氣鳳梨——在綁定和阻礙的魔法中使用，也能用於鋪設詭計的魔法。

百里香——在帶來豐盛和吸引的魔法中使用。

洋艾草（苦艾）——在影響心靈的魔法中使用。

統帥植物——能夠發號施令的植物，在靈性工作的軍隊中能充當將軍。

熱辣植物——性質堅定而明確的植物和草藥。

召喚魔法師——使用胡督魔法並專門研究植物靈性作用的人。

分離——將事物或人們互相分開的靈性工作。

服事（對祖先）——通過奉上供品、禱告和食物來加強與祖先聯繫的靈性工作。

靈體——沒有肉體的存有。

祖先——和你有血緣關係的靈體，他們的使命是讓你持續進行魔法工作並且獲得成功。

泥土——存在於特定地點泥土中的靈能或精髓，它們有完成魔法的力量。

場所——特定區域的整體靈能或精髓。

根／植物——植物的本質，蘊藏著讓它從事特定類型魔法的傾向。

過度點——指物質與靈性世界發生轉換的地點，擁有能夠在靈性工作中使用的力量。

兩面鏡子——代表物質與靈性世界，兩者互相反射。

物質世界——世俗的、自然的世界。

靈性世界——靈體的世界，超自然世界。

捆紮——綑綁在一起，目的是為了封印或使某人某事無法繼續。

守衛——在家庭、事業或車子裡起到驅除邪惡作用的物品。

工作、操作、魔法師——為了使某種狀況、某人的生活或環境顯現神奇的變化而進行的靈性勞動。

封包——目的是為了綁定。

——**遠離的方向**——朝著遠離方向封包是為了送出或是向另一個方向發送東西。

朝向自己的方向——朝著自己的方向封包是為了吸引事物向你前來。

——**頭部**——頭頂，能夠讓靈體棲息的地方。

專有名詞表

Conjure	召喚魔法
Hoodoo	胡督魔法
Root	根 / 植物
Evil eye	惡魔之眼
Mojo hand	符咒袋
Rootworker Conjure man Conjure woman	召喚魔法師
Physical world	物質世界
Spiritual world	靈性世界
Spirit/Spirits	靈性 / 靈體 / 精神
Spirtual	靈性的
Work	魔法工作 / 魔法操作
Offering	供品
Holy water	聖水
Edification	啟迪
Right Hand	帶來正面影響的魔法
Left Hand	帶來負面影響的魔法
Blessing	祝福
High John the Conqueror root	征服者高約翰的根
Low John root	南方約翰根
Spanish moss	空氣鳳梨
Solomon’ s seal root	玉竹根（葳蕤）
Life Everlasting	法國蠟菊
Master of the Woods	香豬殃殃

關於作者

胡督・森・莫伊斯幼時就從家人那裡學習了召喚魔法和胡督魔法。如今，他是該領域最重要的權威人物之一，也是多個非洲僑民傳統文化的開創踐行者。胡督・森・莫伊斯在美國及世界各地任教。他居住在紐奧良，是 Conjure New Orleans 商店的共同所有人。

胡督魔法——北美民間魔法指南

出　　版／楓樹林出版事業有限公司
地　　址／新北市板橋區信義路163巷3號10樓
郵政劃撥／19907596 楓書坊文化出版社
網　　址／www.maplebook.com.tw
電　　話／02-2957-6096
傳　　真／02-2957-6435
作　　者／胡督・森・莫伊斯
審　　定／李育青
譯　　者／張笑晨
企劃編輯／陳依萱
校　　對／周季瑩、周佳薇
港澳經銷／泛華發行代理有限公司
定　　價／380元
初版日期／2022年10月

國家圖書館出版品預行編目資料

胡督魔法：北美民間魔法指南／胡督・森・莫伊斯作；張笑晨翻譯. -- 初版. -- 新北市：楓樹林出版事業有限公司, 2022.10　面；　公分

ISBN 978-626-7108-15-4（平裝）

1. 巫術

295　　111002357